MINISTÈRE DE LA GUERRE

RÈGLEMENT PROVISOIRE

SUR

LES EXERCICES

A PIED ET A CHEVAL

DE L'ARTILLERIE

APPROUVÉ PAR LE MINISTRE DE LA GUERRE

LE 24 FÉVRIER 1873.

TOME PREMIER

TITRE PREMIER

BASES DE L'INSTRUCTION

(EXTRAIT)

PARIS

LIBRAIRIE MILITAIRE DE J. DUMAINE
Rue et Passage Dauphine, 30.

1873

MINISTÈRE DE LA GUERRE

RÈGLEMENT PROVISOIRE

SUR

LES EXERCICES

À PIED ET À CHEVAL

DE L'ARTILLERIE.

PARIS.

LIBRAIRIE MILITAIRE DE J. DUMAINE,

RUE ET PASSAGE DAUPHINE, 30.

RÈGLEMENT PROVISOIRE

SUR

LES EXERCICES

À PIED ET À CHEVAL

DE L'ARTILLERIE

APPROUVÉ PAR LE MINISTRE DE LA GUERRE

LE 24 FÉVRIER 1873.

———

TOME PREMIER.

—

TITRE PREMIER.

BASES DE L'INSTRUCTION.

(EXTRAIT.)

PARIS.

IMPRIMERIE NATIONALE.

—

1873.

RÈGLEMENT PROVISOIRE

SUR

LES EXERCICES

À PIED ET À CHEVAL

DE L'ARTILLERIE.

TITRE PREMIER.

BASES DE L'INSTRUCTION.

ARTICLE PREMIER.

Définitions et principes généraux.

TROUPE, se compose de rangs et de files.

RANG, se compose de canonniers les uns à côté des autres.

FILE, se compose de deux canonniers l'un derrière l'autre.

CHEF DE FILE, est l'homme du premier rang d'une troupe, relativement à celui qui est placé derrière lui au deuxième rang.

SERRE-FILE, est un officier ou un sous-officier placé derrière le deuxième rang.

FRONT, est le devant d'une troupe, soit en bataille, soit en colonne.

CENTRE, est le milieu d'une troupe, soit en bataille, soit en colonne.

AILE, est l'extrémité de droite ou de gauche d'une troupe en bataille.

FLANC, est le côté de droite ou de gauche d'une troupe en colonne.

HAUTEUR, s'entend du nombre de rangs dont une troupe est composée.

INTERVALLE, est l'espace vide entre deux troupes ou entre les fractions d'une troupe en bataille. Il s'entend plus particulièrement de l'espace que les escadrons d'un régiment en bataille doivent conserver entre eux.

Cet intervalle est de 12 pas (12 mètres) entre les escadrons et de 24 pas (24 mètres) entre les régiments. Il est mesuré du genou du maréchal des logis (non compté dans le rang) de la gauche d'un escadron, au genou du maréchal des logis de la droite de l'escadron qui suit dans l'ordre de bataille.

A pied, l'intervalle d'un escadron à l'autre est de 12 pas (8 mètres), mesurés des coudes des mêmes maréchaux des logis.

DISTANCE, est l'espace vide compris entre une troupe et une autre en colonne, ou entre les rangs d'une même troupe, soit en colonne, soit en bataille.

La distance entre les rangs ouverts, à cheval, est de 6 pas (6 mètres), mesurés de la croupe des chevaux du premier rang à la tête des chevaux du deuxième; à pied, cette distance est de 6 pas (4 mètres).

La distance entre les rangs serrés, à cheval, est de 1 pas (1 mètre), mesuré de la croupe des chevaux du premier rang à la tête des chevaux du deuxième; à pied, cette distance est de 1/3 de mètre, mesuré des épaules des canonniers du premier rang à la poitrine des canonniers du deuxième.

Lorsqu'une troupe est formée en colonne par pelotons ou par divisions, les distances prescrites sont mesurées, à cheval, des canonniers d'un premier rang aux canonniers d'un autre premier rang; à pied, elles sont mesurées des coudes des canonniers d'un premier rang aux coudes des canonniers d'un autre premier rang.

Profondeur, est l'espace compris entre la tête et la queue d'une colonne.

La profondeur de la colonne par pelotons est égale au front que la troupe occupait en bataille; elle se mesure de la tête du cheval de l'officier commandant le premier peloton, à la croupe des chevaux des serre-files du dernier peloton.

Pour évaluer le front d'une troupe et la profondeur d'une colonne, il est nécessaire d' savoir que chaque cheval monté occupe en épaisseur 1/3 de sa longueur; cette épaisseur est d'un peu moins de 1 mètre. Afin d'éviter les fractions et d'arriver au même but par un calcul plus simple, ayant aussi égard à l'aisance qu'il est indispensable de conserver entre les canonniers dans le rang, on l'a supposée de 1 mètre. La longueur du cheval n'étant pas tout à fait de 3 mètres, les deux rangs occupent 6 mètres de hauteur, sur lesquels il se trouve 1 mètre de distance d'un rang à l'autre, espace nécessaire pour éviter les atteintes dans la marche.

En prenant pour base les dimensions ci-dessus, il en résulte que l'étendue du front d'un escadron est d'autant de mètres qu'il y a de files, plus les deux sous-officiers des ailes. Cependant il existe une différence selon les armes, et en raison de la manière dont les régiments sont montés; les commandants des corps doivent s'en assurer, en faisant mesurer le front de leurs escadrons.

A pied, on évalue le front d'une troupe à raison de 54 centimètres par homme; on calcule sa profondeur à raison de 33 centimètres par rang, en sus des distances.

ALIGNEMENT, est la disposition de plusieurs canonniers ou de plusieurs troupes sur une même ligne. On en distingue deux sortes : *l'alignement individuel* et *l'alignement par troupe.*

Alignement individuel, est celui de canonniers se plaçant les uns à côté des autres, dans une

direction parallèle entre eux, et sans que l'un ·
soit en avant ou en arrière de l'autre.

Alignement par troupe, est celui d'une troupe
se portant sur le prolongement d'une ligne déjà
occupée.

Toute troupe qui doit se former et s'aligner
sur une autre, s'arrête à hauteur des serre-files,
parallèlement à la ligne de formation, pour se
porter ensuite sur l'alignement de la troupe déjà
formée.

Tout commandant d'une troupe se porte, pour
l'aligner, du côté indiqué par le commandement; il en est de même si la troupe qu'il commande sert de base d'alignement à une autre
troupe. Mais le commandant de la troupe qui
s'aligne sur une autre se porte du côté opposé
pour l'aligner.

Peloton, se compose habituellement de 12
files; il peut aussi être porté à 16; dans ce cas,
il se subdivise en deux sections.

Division, se compose de deux pelotons.

Escadron, se compose de deux divisions ou
quatre pelotons.

Régiment dans l'ordre de bataille, se compose de ses escadrons placés sur une même ligne
avec leurs intervalles.

Il est dans *l'ordre naturel* lorsque ses escadrons sont placés par ordre de numéros de la
droite à la gauche.

Il est dans *l'ordre inverse* lorsque ses premiers escadrons sont à la gauche de la ligne et

ses derniers à la droite, ou lorsque les subdivisions de chaque escadron sont interverties entre elles. On prend indistinctement l'un ou l'autre de ces ordres suivant les circonstances.

Le régiment manœuvre dans l'ordre naturel et dans l'ordre inverse suivant les mêmes principes et doit y être également exercé.

Lorsque le régiment est dans l'ordre inverse, les escadrons et les pelotons prennent temporairement, pour l'évolution ou les évolutions qui suivent et jusqu'à retour à l'ordre naturel, les numéros correspondants à la place qu'ils occupent dans la ligne de bataille.

Colonne, est la disposition d'une troupe qui a rompu, et dont les fractions sont placées les unes derrière les autres. On en distingue trois sortes : *la colonne de route, la colonne avec distances* et *la colonne serrée.*

Colonne de route, est formée de canonniers par deux ou par quatre.

Colonne avec distances, est formée de pelotons ayant entre eux la distance nécessaire pour se remettre en bataille dans tous les sens. On peut aussi former cette colonne par divisions ou par escadrons, mais la proportion du front de peloton est la plus avantageuse pour tous les mouvements.

Colonne serrée, est formée d'escadrons avec 12 pas (12 mètres) d'un escadron à l'autre; cette disposition a pour objet de donner le moins de profondeur possible à la colonne.

La colonne *double* est formée de deux co-

lonnes avec distances ou de deux colonnes ser-
rées, dont toutes les subdivisions correspon-
dantes sont placées à la même hauteur, et
conservent entre elles l'intervalle réglementaire
des fractions de tête.

Une colonne a *la droite en tête*, lorsque ses
fractions sont placées par ordre de numéros de
la tête à la queue.

Une colonne a *la gauche en tête*, lorsque ses
dernières fractions, par ordre de numéros, se
trouvent les premières.

POINTS FIXES OU DE DIRECTION, servent à indiquer la direction dans laquelle on veut faire
marcher une troupe en bataille ou en colonne,
ou bien à établir la droite et la gauche d'une
ligne.

POINTS INTERMÉDIAIRES, sont ceux pris entre
des points fixes. Ils servent à maintenir une
troupe, pendant sa marche, dans la direction
indiquée, ou bien à assurer la rectitude de la
formation des lignes.

GUIDES GÉNÉRAUX, sont les deux sous-officiers
servant à marquer, dans la formation d'un régiment, les points où sa droite et sa gauche
doivent s'appuyer.

Ils sont choisis dans le premier et le dernier
escadron et sont à la disposition des adjudants-
majors pour le tracé des lignes.

GUIDES PRINCIPAUX, sont les sous-officiers servant à marquer les points intermédiaires dans
la formation en bataille.

Les sous-officiers serre-files des premier et quatrième pelotons sont les guides principaux de leurs escadrons respectifs.

GUIDES PARTICULIERS, sont les sous-officiers qui se portent sur la ligne de formation pour marquer l'encadrement de leurs escadrons à mesure qu'ils y arrivent.

Les deux sous-officiers des ailes, non comptés dans le rang, sont les guides particuliers de leurs escadrons respectifs.

GUIDE DE LA MARCHE EN BATAILLE, est le sous-officier serre-file de l'une des ailes, qui, dans la marche en bataille, remplace au premier rang le guide particulier, lorsque celui-ci se porte sur l'alignement des officiers, pour assurer la direction de la marche en servant de point intermédiaire.

GUIDE DE COLONNE, est le cavalier de l'une des ailes du premier rang d'une troupe en colonne; il est chargé de la direction de la marche. Le guide est à gauche lorsque la droite est en tête, et il est à droite lorsque la gauche est en tête; les exceptions à cette règle générale sont indiquées.

Dans la marche oblique, le guide est du côté vers lequel on oblique; et lorsqu'après avoir obliqué, on rentre dans la direction primitive, le guide se reprend du côté où il était précédemment.

Dans une colonne composée de cavalerie et

d'infanterie, les guides de la cavalerie sont dirigés sur la deuxième file des subdivisions de l'infanterie, du côté des guides. En ligne, les officiers qui sont devant le front des escadrons s'alignent sur les serre-files de l'infanterie.

CONVERSION, s'entend du mouvement circulaire exécuté par un canonnier ou par une troupe revenant au point de départ.

Lorsqu'une troupe exécute une conversion, elle tourne sur l'une de ses ailes, chacun des canonniers qui la composent décrivant un cercle plus ou moins grand, en raison de son éloignement du point central.

DEMI-TOUR, est une demi-conversion.

A-DROITE ou À-GAUCHE, est un quart de conversion.

DEMI-À-DROITE ou DEMI-À-GAUCHE, est le huitième de la conversion.

QUART D'À-DROITE ou QUART D'À-GAUCHE, est le seizième de la conversion.

PIVOT, est le canonnier placé au premier rang de l'aile sur laquelle on converse. On en distingue deux sortes : le *pivot fixe* et le *pivot mouvant*.

Le pivot est *fixe* toutes les fois qu'il tourne sur lui-même; il est *mouvant* lorsqu'il décrit un arc de cercle plus ou moins grand.

L'arc de cercle décrit par le pivot d'un rang de deux, de quatre, de huit, ou par le pivot d'un peloton exécutant un quart de conversion, est de 5 pas; pour une division il est de 10 pas, et pour un escadron il est de 20 pas.

DÉBOÎTEMENT, exprime le commencement d'un mouvement de conversion exécuté par les fractions d'un escadron dont les ailes marchantes se séparent du pivot de la fraction qui les avoisine.

EMBOÎTEMENT, exprime la fin d'un mouvement de conversion exécuté par les fractions d'un escadron pour se mettre en bataille, lorsque l'aile marchante de chaque fraction se réunit au pivot de celle qui la précède.

PLOIEMENT, est le mouvement par lequel un régiment quitte l'ordre en bataille pour prendre l'ordre en colonne serrée.

DÉPLOIEMENT, est le mouvement par lequel un régiment quitte l'ordre en colonne serrée pour prendre l'ordre en bataille.

FORMATION, est le placement régulier de toutes les fractions d'une troupe, soit dans l'ordre en bataille, soit dans l'ordre en colonne.

OBSTACLE, s'entend d'un accident de terrain qui oblige une troupe en bataille à ployer une partie de son front.

DÉFILÉ, s'entend de tout passage qui oblige une troupe en bataille à se ployer en colonne, ou une troupe en colonne à diminuer son front.

ALLURES. On en distingue trois sortes : *le pas, le trot* et *le galop.*

A pied, on distingue deux sortes de pas : *le pas accéléré* et *le pas gymnastique*.

Lorsque le commandement n'indique pas l'allure, le mouvement se fait toujours au pas, si la troupe est de pied ferme; et si elle est en marche, il se fait à l'allure à laquelle elle marchait précédemment.

A pied, les mouvements s'exécutent habituellement au pas accéléré, sans que le commandement en soit fait. Lorsqu'on veut les exécuter au pas gymnastique, le commandement doit l'indiquer.

Le pas, considéré comme mesure, se compte, à cheval, à raison de 1 mètre.

A pied, il est de 2/3 de mètre.

Le *pas en arrière* est de 1/3 de mètre.

L'étendue de terrain qu'un cheval peut parcourir aux différentes allures varie en raison de sa conformation; mais on peut calculer approximativement qu'un cheval parcourt à chaque pas 80 à 85 centimètres; à chaque temps de trot, 120 centimètres; à chaque temps de galop, 3 mètres 25 centimètres. Le cheval doit franchir au *pas*, dans une minute, 100 à 120 mètres; au *trot*, 230 à 250 mètres, et au *galop*, 330 à 350 mètres.

A pied, la vitesse du *pas accéléré* est de 110 à la minute.

Celle du *pas gymnastique* est de 150 à 165 à la minute.

MARCHE DIRECTE, est celle qui s'exécute par une troupe en ligne ou en colonne, pour se porter en avant, perpendiculairement a son front.

MARCHE DE FLANC, est celle par laquelle on gagne du terrain vers la droite ou vers la gauche, après avoir exécuté un quart de conversion.

MARCHE DIAGONALE, n'est ainsi nommée que par rapport au front d'où l'on part, en changeant de direction par un demi-à-droite (*ou un demi-à-gauche*), pour arriver à un point déterminé vers la droite *ou* vers la gauche.

MARCHE OBLIQUE, est celle par laquelle on se porte en avant, en gagnant du terrain vers l'un de ses flancs sans changer de front. On en distingue deux sortes : la *marche oblique individuelle* et la *marche oblique par troupe.*
Marche oblique individuelle, est celle qui s'exécute par un mouvement particulier de chaque canonnier.
Marche oblique par troupe, est celle qui s'exécute par un mouvement d'ensemble de chacune des subdivisions d'une troupe en bataille.

MARCHE CIRCULAIRE, est celle qu'on exécute en décrivant un cercle ou une portion de cercle.

CONTRE-MARCHE, est un mouvement par lequel on reforme une troupe face en arrière et parallèlement à sa première formation.

CHARGE, est une marche directe, vive, impétueuse, dont l'ennemi est le but.

Tirailleurs, éclaireurs ou flanqueurs, sont les hommes dispersés en avant, en arrière, sur les flancs ou sur les ailes d'une troupe, pour couvrir ses mouvements ou sa position.

Évolutions, sont les mouvements réguliers par lesquels un régiment passe d'un ordre à un autre.

On appelle *évolutions de ligne* ces mêmes mouvements exécutés par plusieurs régiments, sur une ou plusieurs lignes. Leur application combinée avec la position ou les mouvements de l'ennemi, s'appelle plus spécialement *manœuvres*.

Commandements. On en distingue trois sortes :

Le *commandement d'avertissement* : il sert de signal pour prendre l'immobilité ou prêter attention.

Le *commandement préparatoire* : il indique le mouvement qui va se faire; c'est à ce commandement que les canonniers rassemblent leurs chevaux.

Le *commandement d'exécution*.

Les commandements d'avertissement et préparatoires sont distingués par des lettres *italiques*, ceux d'exécution par des lettres majuscules.

Le ton du commandement doit être animé, distinct, et d'une étendue de voix proportionnée à la troupe que l'on commande.

Temps, en instruction de détail, est une action d'exercice qui s'exécute à un commandement ou à une partie de commandement, et qui se divise en *mouvements*, pour en démontrer le mécanisme et en faciliter l'exécution.

SONNERIES, sont des signaux de trompette indiquant à la troupe les mouvements ou les détails de service qu'elle doit exécuter.

ARTICLE II.

Formation d'un régiment de six escadrons dans l'ordre en bataille.

Les escadrons d'un régiment en bataille sont distingués par la dénomination de 1ᵉʳ, 2ᵉ, 3ᵉ, 4ᵉ, 5ᵉ et 6ᵉ; ils sont formés sur la même ligne, dans l'ordre de ces numéros, en commençant par la droite et à 12 pas d'intervalle.

Cet ordre des escadrons dans les régiments est l'ordre primitif et habituel.

Chaque escadron est formé de quatre pelotons, distingués par la dénomination de 1ᵉʳ, 2ᵉ, 3ᵉ et 4ᵉ, en commençant par la droite.

Les premier et deuxième pelotons forment la 1ʳᵉ division; les troisième et quatrième forment la 2ᵉ division.

La formation est sur deux rangs; les canonniers de première classe, dans chaque peloton, sont placés à la droite et à la gauche du premier rang.

Lorsque l'escadron doit être exercé, il est habituellement de 48 files; par conséquent, chaque division est composée de 24 files, et chaque peloton de 12; si l'escadron est porté à 64 files, le peloton se subdivise alors en deux sections; celle de droite est la première, et celle de gauche la deuxième.

Ce qui est prescrit pour la formation en bataille, à cheval, est applicable à la formation à pied, sauf la différence résultant des calculs en pas de 2/3 de mètre,

Place des officiers et sous-officiers de l'état-major d'un régiment dans l'ordre en bataille.

(Pl. I.) Le colonel, à 25 pas en avant du centre du régiment, ayant derrière lui le capitaine-instructeur, un adjudant-major (*s'il y en a trois*), l'officier d'état-major (*s'il n'est pas pourvu du commandement d'un peloton*); derrière ces officiers un adjudant (*s'il y en a quatre*) et un trompette.

Le lieutenant-colonel, à 2 pas de la droite du régiment et à 12 pas de distance en avant du premier rang.

Chaque chef d'escadrons vis-à-vis du centre des escadrons qu'il commande..... } sur l'alignement du lieutenant-colonel.

Le major à deux pas de la gauche du régiment.......

Le colonel se porte partout où il juge sa présence nécessaire.

Le lieutenant-colonel, partout où le colonel juge à propos de l'employer pour assurer l'ensemble des mouvements.

Le major surveille l'alignement général du

deuxième rang et des serre-files, à moins que
le colonel ne l'emploie autrement.

Un adjudant-major, sur l'alignement du premier rang, à 2 pas de la droite du régiment.
Toutes les fois qu'on marche en bataille avec le
guide à droite, il est chargé de donner les points
sur lesquels on doit se diriger, de surveiller les
guides et la direction de la marche.

Un autre adjudant-major, sur l'alignement du
premier rang, à 2 pas de la gauche du régiment.
Il est chargé des mêmes fonctions que l'adjudant-major de droite, lorsqu'on marche en bataille avec le guide à gauche.

Ces deux officiers sont, en outre, chargés du
tracé des lignes.

Le porte-étendard est placé à l'avant-dernière
file de gauche du premier rang du quatrième
peloton du troisième escadron et compte dans
le rang.

Le capitaine-trésorier, le capitaine d'habillement, l'adjoint au trésorier, le médecin-major
et les médecins aides-majors, les vétérinaires en
premier, en deuxième et l'aide-vétérinaire sont
placés sur un rang et dans l'ordre où ils sont ici
nommés, à 25 pas en arrière de la droite du premier escadron.

A 2 pas à leur gauche sont placés les maîtres-
ouvriers.

Un adjudant est placé derrière l'adjudant-
major de droite, sur l'alignement du deuxième
rang.

Un autre adjudant est placé de même, derrière l'adjudant-major de gauche.

Les guides généraux de droite et de gauche se placent en arrière de ces deux adjudants, sur l'alignement des serre-files.

Un adjudant est à la tête des trompettes, dont il dirige les mouvements.

Les trompettes, formés sur deux rangs, ayant à la droite du premier rang le maréchal des logis trompette et derrière lui le brigadier-trompette, sont placés à 25 pas en arrière du centre du régiment. Dans les revues, ils se placent à 2 pas de l'adjudant-major de droite, sur l'alignement du premier rang.

Les trompettes d'un escadron isolé sont placés de la même manière, mais sur un rang.

Les hommes à pied sont placés à 25 pas en arrière de leurs escadrons respectifs.

Le peloton hors-rang, tel qu'il est constitué par les décisions insérées au *Journal militaire,* commandé par son plus ancien sous-officier, est établi vis-à-vis de la droite du premier escadron, à 10 pas en arrière des officiers de l'état-major. Les enfants de troupe sont rangés à sa gauche.

Le brigadier-maréchal ferrant se place dans l'escadron dont il a l'abonnement.

Place des officiers, sous-officiers et brigadiers dans l'escadron en bataille.

Le capitaine-commandant est placé au centre de l'escadron, la croupe de son cheval à 1 pas en avant de la tête des chevaux du premier rang.

Le capitaine en second est placé en arrière du centre de l'escadron, la tête de son cheval à 3 pas de la croupe des chevaux du deuxième rang. Il est chargé de l'alignement du deuxième rang et des serre-files.

Quatre chefs de peloton commandent, suivant leur ancienneté, les premier, quatrième, deuxième et troisième pelotons.

Chacun des commandants de peloton est placé au centre de son peloton, la croupe de son cheval à 1 pas en avant de la tête des chevaux du premier rang.

Le maréchal des logis chef est placé derrière la troisième file de droite du premier peloton; il est guide principal lorsqu'on se forme par la gauche.

Le fourrier, derrière la troisième file de gauche du quatrième peloton; il est guide principal lorsqu'on se forme par la droite.

Un maréchal des logis est placé à la droite du premier rang de l'escadron; il ne compte pas dans le rang.

Un maréchal des logis à la droite du premier rang du premier peloton; il compte dans le rang.

Un maréchal des logis derrière la troisième file de droite du deuxième peloton.

Un maréchal des logis à la gauche du premier rang du deuxième peloton; il compte dans le rang.

Un maréchal des logis à la droite du premier rang du troisième peloton; il compte dans le rang.

Un maréchal des logis derrière la troisième file de gauche du troisième peloton.

Un maréchal des logis à la gauche du premier rang du quatrième peloton ; il compte dans le rang.

Un maréchal des logis à la gauche du premier rang de l'escadron ; il ne compte pas dans le rang.

Tous les serre-files ont la tête de leurs chevaux à 1 pas de la croupe de ceux du deuxième rang.

En cas d'absence de quelques-uns des serre-files désignés, il y est suppléé par les sous-officiers comptant dans le rang, afin qu'il s'en trouve toujours un derrière chaque peloton.

Le brigadier-élève-fourrier à la droite du deuxième rang de l'escadron ; il compte dans le rang et peut remplacer au besoin, au premier rang, un sous-officier désigné pour passer en serre-file.

Les brigadiers sont placés dans les deux rangs aux ailes de leurs pelotons respectifs ; des canonniers de première classe les suppléent au besoin.

Lorsque l'étendard doit prendre place dans un escadron, le brigadier de gauche du quatrième peloton se place à la quatrième avant-dernière file ; à sa gauche un maréchal des logis, le porte-étendard, puis un autre maréchal des logis.

Dans les escadrons qui sont aux ailes d'un régiment, on ne place pas de maréchal des logis à la droite du premier peloton du premier escadron, ni à la gauche du dernier peloton du dernier escadron. Ces deux maréchaux des logis sont guides généraux.

On ne place pas non plus de sous-officiers à la gauche de la première division et à la droite de la deuxième division d'un escadron, lorsque le régiment est sur le pied de paix.

Dispositions particulières pour les revues et inspections.

Dans une revue ou inspection, le lieutenant-colonel et le major se rapprochent du premier rang et se placent sur la ligne des officiers.

Les chefs d'escadrons se placent sur la même ligne et à 1 pas de la droite des escadrons qu'ils commandent.

Le colonel, après avoir fait mettre le sabre à la main et commandé l'alignement, ordonne aux trompettes de sonner et se porte vivement au-devant de la personne à qui on rend les honneurs, salue du sabre et reste à portée de recevoir ses ordres. En l'accompagnant dans sa revue il lui cède toujours le côté de la troupe.

Lorsqu'on fait ouvrir les rangs, les officiers supérieurs et autres font face à la troupe, de manière que la tête de leurs chevaux soit à 6 pas du premier rang. A cet effet, ils se portent en avant et font demi-tour à gauche. Les serre-files reculent de manière à se trouver à 6 pas du deuxième rang.

L'inspection finie, lorsqu'on fait serrer les rangs, tous les officiers se remettent face en tête par demi-tour à droite.

A pied, les officiers font face à la troupe et se remettent face en tête par demi-tour à droite.

Rassemblement d'un régiment à cheval.

Quand le régiment doit monter à cheval, on sonne le *boute-selle;* à ce signal, on selle.

Lorsqu'on sonne le *boute-charge,* on charge et l'on bride; les canonniers tiennent leurs chevaux prêts à sortir de l'écurie.

Quand on sonne *à cheval,* les chefs de peloton et les maréchaux des logis les font sortir.

Les sous-officiers, brigadiers et canonniers montent à cheval par ordre de peloton; chaque officier passe l'inspection et rend compte au capitaine en second, qui réunit alors l'escadron et le fait compter par quatre; le maréchal des logis chef en fait l'appel. Le capitaine en second, après avoir reçu et vérifié les différents rapports, rend compte au capitaine-commandant en lui remettant le commandement.

Les chefs d'escadrons, après avoir reçu les rapports des capitaines-commandants de leurs escadrons, font leur rapports au lieutenant-colonel; semblables rapports sont rendus par les maréchaux des logis chefs à l'adjudant de semaine, qui les transmet à l'adjudant-major de semaine, lequel les rend au lieutenant-colonel.

Le lieutenant-colonel, ayant reçu ces différents rapports et s'étant assuré que toutes les inspections ont été passées, donne ses ordres à l'officier supérieur de semaine pour faire sonner l'*assemblée* et réunir le régiment.

Après la réunion du régiment il en passe l'inspection, et, à l'arrivée du colonel, il lui fait son rapport et prend ses ordres.

Le colonel détache la troupe qui doit aller chercher l'étendard; si l'étendard est trop éloigné du lieu de rassemblement, le colonel fait partir cette troupe avant de faire monter le régiment à cheval.

Dans les camps, ou lorsque le colonel loge dans le quartier, le porte-étendard va prendre l'étendard, escorté seulement de deux maréchaux des logis.

En cas d'alerte ou de surprise, comme il s'agit de se mettre sous les armes le plus tôt possible, on sonne *à cheval;* alors le canonnier selle, charge, bride et monte à cheval avec la plus grande célérité, pour se rendre au lieu du rassemblement, qui est toujours déterminé d'avance.

Rassemblement d'un régiment à pied.

Lorsqu'un régiment doit prendre les armes à pied, on fait sonner quatre *appels* consécutifs; à ce signal, les canonniers sont réunis, inspectés, et les rapports rendus comme il est prescrit plus haut.

Dans ce cas, le peloton hors rang et les enfants de troupe sont placés à la gauche du régiment.

Formation de la troupe d'escorte de l'étendard.

(Pl. II, fig. A.) Les batteries d'un régiment, en commençant par la première, fournissent tour à tour l'escorte de l'étendard.

Le capitaine-commandant et le capitaine en second alternent pour le commandement de cette escorte.

Elle est composée de deux pelotons.

Lorsque l'escorte est à cheval, le premier peloton fournit l'avant-garde, composée de deux canonniers en avant, *pistolet haut;* un brigadier et quatre canonniers, ayant le *subre à la main,* marchent à 10 pas des deux premiers.

Les trompettes, formés par quatre et conduits par un adjudant, marchent à 10 pas des canonniers qui précèdent.

Le restant du premier peloton, le *subre à la main,* ayant le lieutenant à sa tète, marche par quatre, à 10 pas des trompettes.

Le porte-étendard marche immédiatement après, entre deux maréchaux des logis.

Le deuxième peloton, le *subre à la main,* ayant à sa tête un lieutenant ou sous-lieutenant, suit le porte-étendard, marche par quatre et fournit l'arrière-garde, composée d'un brigadier et de deux cavaliers qui marchent, le *subre à la main,* à 10 pas en arrière du deuxième peloton.

Deux autres canonniers, *pistolet haut,* marchent à 10 pas en arrière.

Le capitaine marche à 4 pas du flanc gauche, à hauteur du porte-étendard.

Ce détachement, arrivé sans bruit de trompette au lieu où est l'étendard, y est formé en bataille.

Réception de l'étendard.

L'adjudant met pied à terre, va prendre l'étendard et le remet lui-même au porte-étendard.

Dès que l'étendard paraît, le capitaine fait présenter le sabre, les trompettes sonnent *à l'étendard.*

Après deux reprises de cette sonnerie, le capitaine fait porter le sabre et rompre, pour se mettre en marche dans le même ordre où il est venu ; les trompettes sonnent la *marche.*

Lorsque l'étendard arrive, le colonel fait mettre le sabre à la main ; les trompettes cessent de sonner et vont prendre, ainsi que l'escorte, leur place de bataille en passant derrière le régiment.

Le porte-étendard, accompagné de deux maréchaux des logis, se dirige vers le centre du régiment, parallèlement au front et s'arrête devant le colonel, faisant face au régiment ; le colonel fait alors présenter le sabre et sonner *à l'étendard ;* il salue du sabre. Le porte-étendard se rend ensuite à sa place de bataille et le colonel fait porter le sabre.

Les officiers supérieurs saluent du sabre lorsque l'étendard passe devant eux.

L'étendard reçoit à son départ les mêmes honneurs qu'à son arrivée, et il est reconduit au logement du colonel dans l'ordre prescrit ci-dessus.

A pied, l'escorte est composée de la même manière et l'étendard reçoit les mêmes honneurs.

Salut de l'étendard.

Lorsque l'étendard doit rendre les honneurs,
le porte-étendard salue de la manière suivante,
en deux temps :

1. A 4 pas de la personne qu'on doit saluer,
baisser doucement la hampe en avant, en la
rapprochant le plus possible de la ligne horizontale.

2. Relever doucement la hampe, lorsque la
personne qu'on a saluée est dépassée de 4 pas.

Salut du sabre.

Lorsque les officiers supérieurs et officiers
doivent saluer, soit à cheval, soit à pied, de
pied ferme ou en marchant, ils le font en quatre
temps :

1. A 4 pas de la personne qu'on doit saluer,
élever le sabre verticalement, la pointe en haut,
le tranchant à gauche, la poignée vis-à-vis et à
33 centimètres de l'épaule droite, le coude à
16 centimètres du corps.

2. Baisser la lame en étendant le bras de
toute sa longueur, le poignet en quarte, jusqu'à
ce que la pointe du sabre se trouve vers le pied,

3. Relever vivement le sabre la pointe en
haut, comme au premier temps, lorsque la
personne qu'on a saluée est dépassée de 4 pas.

4. Porter le sabre à l'épaule.

ARTICLE III.

Formation d'un régiment de six escadrons dans l'ordre en colonne.

Ordre en colonne par deux ou par quatre.

(Pl. II, fig. B.) Dans cet ordre, les escadrons conservent entre eux une distance de 12 pas, égale à leur intervalle en bataille.

Cette distance se compte de la croupe des chevaux des dernières files d'un escadron à la tête des chevaux des premières files de l'escadron qui suit.

Le colonel marche au centre du régiment, du côté des guides, à 25 pas du flanc de la colonne, ayant derrière lui les mêmes officiers que dans l'ordre en bataille, un adjudant et un trompette. Il se porte d'ailleurs partout où il juge sa présence nécessaire.

Le lieutenant-colonel, du côté des guides, à 12 pas du flanc de la colonne, marche habituellement à hauteur du lieutenant commandant le premier peloton du premier escadron.

Les chefs d'escadrons marchent dans la direction du lieutenant-colonel, à une égale distance de la colonne et à hauteur du centre de leurs escadrons respectifs.

Le major marche également dans la direction du lieutenant-colonel, à une égale distance de la colonne, et à hauteur du guide particulier de gauche du sixième escadron.

Un adjudant-major marche du côté des guides, à 2 pas du flanc et à hauteur des premières files de la colonne, pour surveiller les guides et la direction de la marche.

Un autre adjudant-major marche du côté des guides, à 2 pas du flanc et à hauteur du guide particulier de gauche du sixième escadron; si la gauche est en tête, il exécute, du côté des guides, ce qui est prescrit pour l'adjudant-major de droite, lorsque la droite est en tête.

Un adjudant, ayant derrière lui le guide général de droite, marche du côté opposé aux guides, à 2 pas du flanc et à hauteur des premières files de la colonne.

Un autre adjudant, ayant derrière lui le guide général de gauche, marche du côté opposé aux guides, à 2 pas du flanc et à hauteur des dernières files de la colonne.

Un adjudant marche à la tête des trompettes.

Les capitaines-commandants marchent du côté des guides, à 4 pas du flanc et à hauteur du centre de leur escadron.

Les capitaines en second marchent du côté opposé aux guides, à 4 pas du flanc et à hauteur du centre de leur escadron.

Le lieutenant en premier de chaque escadron marche en tête du premier peloton, à 1 pas en avant des premières files, ayant à sa droite le guide particulier de droite.

Les chefs des autres pelotons marchent du côté des guides, à 1 pas du flanc de la colonne et à hauteur de leurs premières files; les serre-files marchent du côté opposé aux guides, à

1 pas du flanc et à hauteur du centre de leur peloton.

Les uns et les autres marchent suivant ce même principe sur les flancs de la colonne, lorsque la gauche est en tête; dans ce cas, c'est le lieutenant en second qui marche dans la colonne, en tête du quatrième peloton de chaque escadron.

Le guide particulier qui, dans l'ordre en bataille, est placé à la gauche de l'escadron, marche derrière les dernières files de l'escadron; lorsque la colonne a la gauche en tête, il est placé à la gauche de l'officier commandant le quatrième peloton, à 1 pas en avant des premières files.

Lorsque la nature du terrain oblige les officiers et les serre-files à rentrer dans la colonne, le mouvement se fait successivement; les officiers supérieurs, les capitaines-commandants et les chefs de peloton se placent en tête, les capitaines en second et les serre-files à la queue de leurs troupes respectives.

Le major marche à la gauche du régiment, ainsi qu'un adjudant-major et un adjudant.

On rétablit l'ordre primitif aussitôt que le terrain le permet.

Ordre en colonne par pelotons.

(Pl. III, fig. A.) Dans cet ordre, la distance d'un peloton à un autre, mesurée des canonniers d'un premier rang à ceux d'un autre premier rang, est égale au front d'un peloton, c'està-dire qu'elle est de 12 pas à cheval si les pelotons sont de 12 files.

A pied, cette distance est d'un peu plus de 9 pas.

En retranchant la profondeur de deux rangs, qui est de 6 pas, il reste 6 pas de la croupe des chevaux du deuxième rang d'un premier peloton à la tête des chevaux du premier rang d'un deuxième peloton, distance égale à la moitié du front d'un peloton.

A pied, la profondeur des deux rangs étant de 1 pas 1/2, la distance du deuxième rang d'un peloton au premier rang du peloton suivant est d'un peu plus de 8 pas.

Le colonel marche au centre du régiment, du côté des guides, à 25 pas du flanc de la colonne; ayant derrière lui les mêmes officiers que dans l'ordre en bataille, un adjudant et un trompette, il se porte d'ailleurs partout où il juge sa présence nécessaire.

Le lieutenant-colonel, du côté des guides, à 12 pas du flanc de la colonne, marche habituellement à hauteur du lieutenant commandant le premier peloton du premier escadron.

Les chefs d'escadrons marchent dans la direction du lieutenant-colonel, à une égale distance de la colonne et à hauteur du centre de leurs escadrons respectifs.

Le major marche également dans la direction du lieutenant-colonel et à hauteur des serre-files du dernier peloton de la colonne.

Un adjudant-major marche derrière la file de

1.   3

gauche du premier peloton pour surveiller le guide de la colonne.

Un autre adjudant-major marche derrière la file de gauche du quatrième peloton du sixième escadron, pour s'assurer que les guides de chaque peloton observent la même direction; si la gauche est en tête, il exécute du côté du guide ce qui est prescrit à l'adjudant-major de droite, lorsque la droite est en tête.

Un adjudant, ayant derrière lui le guide général de droite, marche du côté opposé aux guides, à 2 pas du flanc de la colonne et à hauteur du premier rang du premier peloton.

Un autre adjudant, ayant derrière lui le guide général de gauche, marche du côté opposé aux guides, à 2 pas du flanc de la colonne et à hauteur du premier rang du dernier peloton.

Un adjudant marche à la tête des trompettes.

Les capitaines-commandants marchent du côté des guides, à 4 pas du flanc et à hauteur du centre de leur escadron.

Les capitaines en second marchent du côté opposé aux guides, à 4 pas du flanc et à hauteur du centre de leur escadron.

Les lieutenants et sous-lieutenants marchent au centre de leurs pelotons, à 1 pas du premier rang; ceux qui commandent les pelotons tenant la tête des escadrons conservent le terrain nécessaire pour que chaque escadron, en se remettant en bataille, retrouve son intervalle.

À cheval, la distance d'un escadron à l'autre est de 20 pas, comptés de la croupe des chevaux du deuxième rang d'un dernier peloton à

la tête des chevaux du premier rang du premier
peloton de l'escadron qui suit. A pied, cette distance est de 22 pas.

Les sous-officiers serre-files marchent du côté
opposé aux guides, derrière la troisième file de
leur peloton.

Lorsque la colonne marche la droite en tête,
le guide particulier de droite de chaque escadron marche à la droite du premier peloton et
le guide particulier de gauche se place en serre-
file derrière la deuxième file de gauche du quatrième peloton.

La place de ces sous-officiers est inverse lorsque la colonne a la gauche en tête.

(Pl. III, fig. B.) L'escadron étant de 64 files,
lorsqu'on rompt par sections, le lieutenant en
premier de chaque escadron marche en tête
de la première section du premier peloton; les
chefs des autres pelotons restent du côté des
guides, à 1 pas et à hauteur du premier rang
de leur première section.

Les serre-files qui commandent les deuxièmes
sections marchent du côté opposé aux guides,
à 1 pas et à hauteur du premier rang.

La place des commandants de section est inverse lorsque la gauche est en tête.

Ordre en colonne par divisions.

(Pl. III, fig. C.) Le colonel, le lieutenant-colonel, les chefs d'escadrons, le major, les adjudants-majors et les adjudants sont placés comme
dans l'ordre en colonne par pelotons.

Il en est de même pour les capitaines-commandants et les capitaines en second.

Le lieutenant en premier commande la première division, le lieutenant en second la deuxième; ils restent néanmoins au centre de leurs pelotons.

Tous les autres officiers et sous-officiers de chaque division sont placés comme il est prescrit dans l'ordre en colonne par pelotons, les serre-files restant à leur place, quel que soit le côté du guide.

Ordre en colonne serrée.

(Pl. IV.) Dans cet ordre, la distance d'un escadron à l'autre, qui est de 12 pas, est mesurée de la croupe des chevaux du deuxième rang d'un premier escadron à la tête des chevaux du premier rang d'un deuxième escadron.

Le colonel, le lieutenant-colonel, les chefs d'escadrons, le major et les adjudants, sont placés comme dans l'ordre en colonne par pelotons.

Un adjudant-major marche derrière le guide de gauche du premier escadron, sur l'alignement des serre-files, afin de surveiller la direction de la marche.

Un autre adjudant-major marche derrière le guide de gauche du dernier escadron pour s'assurer que tous les guides observent la même direction; lorsque la gauche est en tête, il se conforme à ce qui est prescrit à l'adjudant-major de droite, lorsque la droite est en tête.

Les adjudants marchent du côté opposé aux guides, comme dans l'ordre en colonne par pelotons.

Le guide particulier de l'aile gauche du premier escadron se porte en avant sur l'alignement des officiers; il est aussitôt remplacé par le sous-officier serre-file du quatrième peloton. Si la gauche est en tête, le guide particulier de droite du sixième escadron se porte sur l'alignement des officiers, pour servir de point intermédiaire; il est remplacé par le sous-officier serre-file du premier peloton.

Tous les officiers des escadrons et les serre-files restent placés comme il est prescrit dans l'ordre en bataille, excepté les capitaines-commandants, qui marchent du côté des guides, à 4 pas du flanc et à hauteur des officiers de leurs escadrons.

Tout ce qui est prescrit ci-dessus pour les formations en colonne à cheval est applicable aux formations à pied, sauf les différences résultant des calculs en pas de 2/3 de mètre.

Ordre en colonne double.

Le colonel, ayant derrière lui les mêmes officiers que dans l'ordre en bataille, un adjudant et un trompette, se tient à 25 pas en avant du centre de l'intervalle qui sépare les deux colonnes. Il se porte d'ailleurs partout où il juge sa présence nécessaire.

. Le chef d'escadrons appartenant à la division

du centre se place entre ses deux escadrons, sur l'alignement des têtes de colonne;

L'adjudant-major de gauche, derrière le guide de droite de la colonne de gauche, qui est le guide de la colonne.

Les officiers supérieurs se rapprochent de leur troupe en raison des dimensions de l'intervalle.

Tous les officiers sont à leur place dans l'ordre de colonne;

Les trompettes dans l'intervalle, à hauteur des dernières subdivisions de la colonne.

Ordre en colonne pour défiler.

(Pl. V, fig. A.) Le colonel se place à la tête de la colonne; le lieutenant-colonel marche à sa gauche, ayant la tête de son cheval à hauteur de la hanche de celui du colonel.

Le major se place à la gauche du lieutenant-colonel et sur son alignement.

Le capitaine-instructeur, un capitaine-adjudant-major (*s'il y en a trois présents*), le capitaine-trésorier, le capitaine d'habillement, l'officier d'état-major (*s'il n'est pas pourvu du commandement d'un peloton*), l'adjoint au trésorier, sont placés sur un rang à 4 pas derrière eux.

S'il y a quatre adjudants, celui qui accompagne le colonel se place à 1 pas et à hauteur de l'adjudant de droite du côté opposé aux guides.

Le trompette du colonel rejoint les trompettes.

Un chef d'escadrons marche à la tête du premier escadron, à 4 pas en avant du capitaine-commandant et à 4 pas en arrière des officiers de l'état-major.

Les autres chefs d'escadrons se placent de même à la tête des escadrons qu'ils commandent.

Les adjudants-majors marchent aux places qui leur sont assignées dans l'ordre en colonne, mais du côté de la personne à qui on rend les honneurs.

Les adjudants, suivis des guides généraux, marchent du côté opposé.

Un adjudant marche à la tête des trompettes.

Les capitaines-commandants marchent à la tête de leur premier peloton, ayant à leur gauche le chef de ce peloton. Les capitaines en second sont placés à la tête du troisième peloton de leur escadron, ayant à leur gauche le chef de ce peloton.

Les serre-files marchent à l'aile de leur peloton, du côté opposé à la personne devant laquelle on défile.

Le médecin-major et les médecins aides-majors, ayant à leur gauche les vétérinaires en premier, en deuxième et l'aide-vétérinaire, marchent sur un seul rang, à la gauche du régiment, à 6 pas du dernier peloton.

Les sous-officiers, brigadiers et canonniers conservent la tête directe en défilant.

Les officiers fixent les yeux sur la personne à qui on rend les honneurs, en passant devant elle.

Les trompettes sonnent la marche.

Le colonel veille à ce que l'étendard et les officiers rendent les honneurs conformément aux règlements.

Les officiers qui, dans l'ordre ci-dessus détaillé, marchent à la gauche du colonel, du capitaine-instructeur et des capitaines-commandants, se rangent à leur droite, si la personne à qui on rend les honneurs se trouve à gauche de la colonne.

Il en est de même, à la queue de la colonne, pour les médecins et les vétérinaires.

Si l'on défile par divisions, les capitaines-commandants marchent en avant du centre de la première division et sur l'alignement des chefs de peloton.

Les capitaines en second marchent en avant du centre de la deuxième division et sur l'alignement des chefs de peloton.

Le guide particulier de droite de chaque escadron reste à la droite du premier rang de son peloton, quel que soit le côté du guide, lorsqu'on défile la droite en tête.

Le guide particulier de gauche reste de même à la gauche de son peloton, lorsqu'on défile la gauche en tête.

Les serre-files marchent à l'aile de leur division du côté opposé aux guides.

(Pl. V, fig. B.) Si on défile par escadrons, à distance entière, à demi-distance, ou par régiment en masse, les officiers de l'état-major conservent les places qui viennent d'être indiquées.

Les capitaines-commandants, les capitaines en second et les officiers restent placés comme dans l'ordre en bataille.

Les sous-officiers serre-files se placent à l'aile de l'escadron, du côté opposé aux guides; ceux de la deuxième division à hauteur du premier rang et ceux de la première à hauteur du deuxième rang. C'est l'inverse si l'on défile avec le guide à gauche.

En colonne serrée, les chefs d'escadrons marchent à 1 pas en avant et à droite du capitaine-commandant de leur premier escadron.

Le guide doit être indiqué, s'il n'y est déjà, du côté de la personne devant laquelle on défile, à 50 pas avant d'arriver à sa hauteur.

Dans tous les ordres en colonne, lorsque le colonel marche en tête, les trompettes marchent à 10 pas en avant de lui.

Dans les évolutions, ils se placent du côté opposé aux guides, à 25 pas du flanc et à hauteur du centre de la colonne.

Dans les revues à pied, lorsque le peloton hors rang devra défiler, il prendra la gauche du régiment. Les enfants de troupe, les maîtres-ouvriers et les cantinières ne défilent pas.

ARTICLE IV.

Règles d'intonation.

On prononce le commandement d'avertissement : *garde à vous,* dans le haut de la voix, en appuyant sur la première syllabe, baissant et prolongeant la dernière.

Ce commandement sert de type pour le commandement d'exécution : CHARGEZ et pour les indications d'allure ou de direction qui suivent immédiatement un commandement préparatoire. Ex. : *colonne en avant* == *au galop, pelotons à droite* == *tête de colonne à gauche,* etc.

Les commandements d'exécution sont prononcés d'un ton plus ferme que les commandements préparatoires ; on les prolonge à cheval, parce que, le mouvement qui doit les suivre se communiquant de l'homme au cheval, on évite par là toute espèce de saccade et d'à-coup.

Les commandements d'exécution : MARCHE, HALTE, FIXE, EN LIGNE, ont la même intonation et se prononcent dans le haut de la voix, en affaiblissant la dernière syllabe.

Pour quelques mouvements, ainsi que pour l'instruction de détail, il y a des commandements et des finales de commandement qui déterminent une exécution ; on leur applique ce qui est prescrit pour les commandements d'exécution.

Dans l'exercice à pied et le maniement des armes, la partie du commandement qui détermine l'exécution doit être prononcée d'un ton ferme et bref.

Pour déterminer l'intonation des commandements préparatoires, on a pris celle de la première partie des commandements : *canonnier en avant,* MARCHE; *canonnier à droite,* DROITE; *reposez vos* == ARMES.

Le commandement *canonnier en avant* sert de type pour tous les commandements préparatoires terminés par une consonne ou par une syllabe pleine, et, par exception, au commandement *colonne.* Ex. : *marquez le pas; charge en cinq temps; au trot; au galop; formez les pelotons,* etc.

Le commandement *canonnier en avant* sert encore de type pour tous les commandements d'exécution autres que ceux qui précèdent, quelle qu'en soit la dernière syllabe.

Le commandement *canonnier à droite* sert de type pour tous les commandements préparatoires terminés par un E muet. Ex. : *à droite* = (ALIGNEMENT); *par quatre; escadrons à droite; pelotons demi-tour à gauche; en avant en bataille,* etc.

Le premier membre du commandement *reposez vos* = ARMES sert de type à la première partie des commandements du maniement des armes, de la charge, des feux et de l'exercice du sabre.

Les commandements préparatoires qui, par leur longueur, deviennent difficiles à être prononcés de suite, doivent être coupés en deux ou trois parties, en observant une progression ascendante dans le ton du commandement, mais toujours de manière que celui d'exécution soit plus énergique et plus élevé. (*Les coupures sont indiquées par des tirets.*)

Le premier membre du commandement *reposez vos* = ARMES sert encore de type à toutes les premières ou deuxièmes parties de ces commandements; les autres parties suivent les règles énoncées ci-dessus.

Telles sont, dans le premier cas, les premières parties des commandements : *par pelotons = à droite =* ALIGNEMENT; *par escadrons = à droite =* ALIGNEMENT; *par pelotons = rompez l'escadron; pelotons rompez par la droite = pour marcher vers la gauche.*

Et, dans le deuxième cas, les deuxièmes parties des commandements : *canonniers à droite = et dans chaque rang = tête de colonne à gauche; par quatre files à droite = et dans chaque peloton = tête de colonne à gauche.*

Les commandements employés dans quelques parties de l'instruction de détail, comme dans les assouplissements, l'école du cavalier à cheval, etc., font exception aux règles d'intonation; on les prononce sur le ton *d'indication;* ces exceptions sont spécifiées.

Règles des explications.

Avant de commencer le travail, l'instructeur s'assure de la bonne tenue de ses hommes et de celle de ses chevaux; il ne fait aucun commandement qu'il ne les ait placés régulièrement dans la position exigée pour exécuter le mouvement qui va leur être expliqué et commandé. Il est de principe de ne donner des explications que lorsque la troupe est de pied ferme.

Toutes les fois que l'on veut détailler un mouvement, on en énonce d'abord le titre; c'est *l'indication.*

Le ton d'*indication* ne comporte aucune inflexion de voix; il est moins élevé que le ton de commandement et plus élevé que celui d'*explication*.

On expose ensuite les principes du mouvement; c'est l'*explication*.

On ne doit expliquer que les alinéa qui sont en lettres moyennes; le *petit texte* concerne l'instructeur; il y puise les observations les plus essentielles et y joint celles que son expérience lui suggère.

Lorsque, dans les explications d'un exercice, on renvoie, pour le principe ou pour le complément du détail, à un mouvement du règlement indiquant un travail connu des canonniers, on n'énonce que le titre du mouvement indiqué; mais si ce travail leur est inconnu, l'instructeur doit en donner le détail, en le modifiant, s'il y a lieu, pour l'approprier à la circonstance.

On passe alors à l'*exécution*, évitant surtout de faire des observations ou des recommandations entre les commandements préparatoires et d'exécution.

Lorsqu'en instruction de détail l'exécution d'un commandement ou d'une partie de commandement forme un *temps*, ce temps se divise souvent en *mouvements* pour en démontrer le mécanisme et en faciliter l'exécution.

Cette division en temps et mouvements complète alors l'indication.

La dernière syllabe d'un commandement ou d'une partie de commandement décide l'exécution vive d'un temps d'exercice ou du premier mouvement de ce temps lorsqu'il est divisé; les commandements : DEUX, TROIS, etc. décident celle des autres mouvements.

Dans les temps d'exercice qui se divisent en mouvements, l'exécution doit suivre l'explication successive de chaque mouvement. Il en est de même pour les exercices qui comprennent plusieurs temps non divisés; ces temps sont expliqués et exécutés l'un après l'autre, afin de ne pas surcharger la mémoire des canonniers.

Toutefois, lorsque, dans les mouvements composés, une position est trop gênante ou trop pénible pour y laisser les hommes pendant l'explication du temps ou du mouvement suivant, on commande : AU TEMPS, avant d'expliquer le reste; il est de convention que le canonnier, à ce commandement, revient à la position précédente.

Afin de rendre individuelle, autant que possible, l'instruction d'une classe comprenant plusieurs canonniers, on explique complétement les mouvements composés, puis on les fait exécuter à chaque canonnier en particulier et successivement, tandis que les autres sont au repos.

Si une explication nouvelle est à donner, on commande : *garde à vous*. L'explication terminée, on reprend l'instruction individuelle; on passe ensuite à celle d'ensemble.

On commence ordinairement les mouvements par la droite pour les répéter par la gauche; on peut, dans ce dernier cas, donner l'explication entière en la modifiant; mais le plus souvent on emploie, après l'indication du titre, la formule du règlement qui suit le détail complet.

Les indications et les explications communes aux deux mains ne sont pas répétées.

On ne répète pas non plus l'indication lorsqu'on ne détaille plus; il y a cependant une exception pour les maniements et exercices d'armes, lorsqu'on veut les faire exécuter par temps et mouvements, sans détail.

Lorsqu'on ne fait aucune indication, les canonniers exécutent de suite les différents mouvements de chaque temps, sans s'arrêter sur aucun, mais ils en observent le mécanisme.

Les cas particuliers non prévus dans cet article sont spécifiés aux mouvements qui en sont l'objet.

––––––––

Il résulte de ces principes que, pour donner la leçon, les instructeurs appliquent la méthode suivante :

1° *Exécution à droite, de pied ferme ou au pas,* précédée des explications et des démonstrations;

2° *Répétition sans explication, mais avec indication,* tant que le mouvement doit être décomposé;

3° *Exécution à gauche,* précédée de l'explication entière modifiée, ou de la formule générale.

D'autres fois, *exécution à gauche sans explication*, si celle-ci est commune aux deux mains; enfin *répétition sans explication*, selon que le prescrit le règlement.

Toutes les fois que cela est possible, après avoir fait le mouvement au pas par la droite, lui faire succéder immédiatement l'exécution au trot et au galop; en agir de même par la gauche, dans le but de ménager les chevaux et de soulager les canonniers, en variant les allures.

A pied, l'exécution sans explication de certains mouvements au pas accéléré est suivie de celle au pas gymnastique, par la droite et par la gauche.

Afin d'éviter la routine, on exerce les canonniers également aux deux mains, dans chaque séance; on a soin, de plus, de commencer le travail alternativement à main droite et à main gauche et de placer au premier rang les canonniers qui, la veille, étaient au deuxième.

ARTICLE V.

Voltige.

La voltige est la gymnastique du canonnier; elle développe la souplesse, la force et la hardiesse de l'homme de recrue, et entretient chez le canonnier instruit ces qualités acquises.

Pour tirer de cette instruction le meilleur parti possible, les instructeurs doivent en rendre l'application facile et attrayante, n'exiger des canonniers que des efforts proportionnés à leurs moyens physiques et à leurs dispositions particulières, éviter qu'ils ne se blessent ou ne se découragent, exciter enfin chez eux une émulation constante.

La voltige, exigeant un matériel, un local et des soins particuliers, constitue une instruction spéciale.

Les jeunes soldats, dès leur arrivée au corps, sont exercés à sauter à terre et à cheval; dès qu'ils sont admis à l'école de l'escadron à pied, ils exécutent progressivement tous les détails de cette instruction.

Les anciens canonniers y sont exercés au moins deux fois par semaine.

Travail de pied ferme.

Ce travail s'exécute d'abord sans prendre d'élan, puis avec élan.

Les canonniers sont en veste d'écurie, bonnet de police, pantalon de treillis et souliers.

Les chevaux sont nus et en bridon; un homme est à la tête de chaque cheval et un autre aide se tient prêt à lever un pied de devant au besoin.

L'instructeur, placé près du canonnier, exécute, démontre et fait exécuter chaque mouvement à de simples avertissements.

Un sous-instructeur, placé du côté opposé, suit tous les mouvements du canonnier et se tient prêt à prévenir les chutes.

Travail sans élan.

Sauter à cheval. *Sauter à terre...* *Sauter à terre et* *à cheval .....*	Comme il est prescrit au travail préparatoire à cheval, en observant que le canonnier place la main droite sur le garrot, le pouce à gauche, les autres doigts à droite.

Étant à cheval, passer la jambe pour faire face à gauche, à droite ou *en arrière.* — Passez la jambe droite (*ou* gauche) par-dessus le garrot, pour faire face à gauche (*ou* à droite), en se servant de la main gauche (*ou* droite) qui saisit les crins.

Exécuter le même mouvement sans l'aide des mains.

Pivoter sur les fesses en passant la jambe par dessus la croupe, pour faire face en arrière.

Enfin sauter à terre étant face à gauche, à droite, en arrière à gauche ou en arrière à droite.

Sauter à cheval de côté. — Comme pour sauter à cheval, mais en s'asseyant du côté gauche.

Étant assis de côté, se remettre à cheval ou *franchir le cheval.* — Placer la main droite sur le garrot et saisir les crins de la main gauche; s'enlever sur les poignets en baissant la tête et le haut du corps; étendre les jambes réunies par-dessus la croupe du cheval, soit pour l'enfourcher, soit pour sauter à terre à droite.

Franchir le cheval. — Se placer comme pour sauter à cheval, s'enlever sur les poignets en inclinant le corps horizontalement sur l'encolure, la tête soutenue ; jeter les jambes réunies et allongées par-dessus la croupe, en leur faisant décrire un demi-cercle, le corps soutenu sur les deux bras tendus ; arriver à terre à l'épaule droite, les deux pieds sur la même ligne

Sauter à cheval et franchir d'une seule main. — Saisir les crins de la main gauche ; se placer en avant de l'épaule gauche du cheval, l'avant-bras gauche appuyé sur l'encolure, l'épaule gauche en avant, l'épaule droite effacée ; s'élancer vivement, en avançant l'épaule droite et en écartant la jambe droite, pour arriver en selle (*ou* en maintenant les jambes réunies, pour franchir le cheval).

Les mouvements qui précèdent sont répétés sur le cheval garni de la selle de voltige ; le cavalier prend de la main gauche les crins ou le crampon de la selle et place la main droite sur le pommeau, le pouce allongé sur le côté, les doigts en dessous.

Les ciseaux. — Étant à cheval, saisir le pommeau ou les crampons des deux mains, les doigts en dessus ; s'enlever sur les poignets, en imprimant aux jambes un balancement d'arrière en avant et d'avant en arrière, et en baissant le haut du corps en avant ; le corps étant dans une position horizontale, croiser les cuisses en se retournant sur la selle ; abandonner le pommeau ou les crampons à l'instant où le corps se re-

lève, et rester face en arrière. *Pour se remettre face en avant*, placer chaque main sur un des coins de derrière de la selle et se conformer à ce qui vient d'être prescrit pour faire face en arrière.

Travail avec élan.

Sauter à cheval par le côté. — Prendre son élan, battre la terre des deux pieds et s'enlever, la main gauche sur le garrot, le pouce à gauche, les autres doigts à droite, la main droite à plat sur le rein; passer vivement la jambe droite par-dessus la croupe, en quittant le rein de la main droite et en avançant l'épaule droite le poids du corps à gauche; se placer à cheval, la ceinture en avant.

Le canonnier saute à terre en passant la jambe droite par-dessus l'encolure, ou en s'enlevant sur les poignets.

Franchir le cheval par le côté. — Même mouvement que précédemment, en observant que le canonnier passe les deux jambes à droite, abandonne le rein de la main droite en conservant un appui sur la main gauche, et arrive à terre à hauteur de l'épaule droite.

Poursuite. — Même mouvement; les canonniers se suivent sans interruption.

Les mouvements par le côté sont répétés sur le cheval garni de la selle de voltige.

Sauter à cheval par la croupe. — Se placer à 4 ou 5 mètres en arrière du cheval; prendre son élan; fournir une battue des deux pieds ensemble; appliquer avec force les deux mains sur le milieu de la croupe; écarter les jambes et arriver à cheval la ceinture en avant, le corps en équilibre.

Sauter par la croupe et arriver à terre à l'épaule du cheval. — Sauter comme il a été prescrit précédemment, mais en élevant de suite la jambe droite (*ou* gauche) par-dessus le dos du cheval pour la réunir à la jambe gauche (*ou* droite), et arriver à hauteur des pieds de devant en pliant un peu les jarrets.

Sauter en croupe faisant face en arrière. — S'élancer comme il a été prescrit précédemment; pirouetter sur les poignets, l'épaule droite en avant; faire passer la jambe droite par-dessus la croupe et s'y asseoir face en arrière.

Sauter à genoux (ou debout) sur la croupe. — Même mouvement que pour sauter à cheval, mais en s'enlevant davantage sur les poignets.

Franchir le cheval par la croupe. — Même mouvement que le précédent, mais en s'enlevant davantage sur les poignets et en arrivant à terre à hauteur du flanc.

Poursuite. — Mêmes mouvements; les canonniers se suivent sans interruption.

On combine la poursuite par le côté à la poursuite par la croupe, en plaçant deux chevaux en équerre à 10 mètres l'un de l'autre

Travail au galop.

Ce travail s'exécute d'abord avec le surfaix, puis avec la selle de voltige; le cheval est bridé.

Tout cheval destiné à cette instruction doit être préalablement habitué à conserver, sous le cavalier se déplaçant en tout sens, un galop uni et régulier.

A cet effet, on l'exerce au travail à la longe prescrit au dressage des jeunes chevaux, et lorsqu'il se montre calme et obéissant aux indications de la chambrière, de l'appel de langue et de la voix, on le fait monter par un canonnier léger, souple et adroit.

Ce canonnier se borne d'abord à placer le cheval de manière à le faire partir juste, quand l'instructeur le sollicite à prendre le galop; il cesse ensuite toute action de jambes et de mains; puis il se déplace brusquement et prend des attitudes variées sur le cheval marchant au galop; enfin il exécute tous les mouvements de voltige.

Travail avec le surfaix.

Sauter à cheval et à terre. — Saisir les crins de la main gauche et le pommeau du surfaix de la main droite; suivre le cheval en mesure, se réglant sur le pied antérieur gauche; s'élancer, en tendant fortement les jarrets, au moment où le cheval s'enlève du devant, et se mettre à cheval. — S'enlever sur les poignets; arriver à terre à hauteur du pied gauche du cheval, à l'instant ou il exécute son poser.

L'instructeur exerce les canonniers à sauter à terre et à cheval d'un seul temps, plusieurs fois de suite.

Étant à cheval, sauter à terre en passant la jambe droite par-dessus l'encolure et sauter à cheval du même temps. — Abandonner les crampons des deux mains pour passer la jambe droite; les ressaisir de suite; sauter à terre à l'épaule du cheval et ressauter à cheval du même temps.

.L'instructeur exerce les canonniers à ce mouvement plusieurs fois de suite.

Sauter à terre et du même temps sauter de côté à gauche. — *Sauter à terre et du même temps sauter de côté à droite.*

Franchir de gauche à droite et de droite à gauche. — Saisir les crampons; sauter à terre et du même temps franchir le cheval de gauche à droite; revenir par un nouvel effort des bras et des jarrets à hauteur de l'épaule gauche et sauter à cheval.

L'instructeur, avant d'exercer les canonniers à ce mouvement, leur prescrit de s'enlever fréquemment sur les poignets pour s'asseoir alternativement à gauche et à droite; il fait répéter ces exercices autant de fois que la vigueur et la légèreté du canonnier le permettent.

Remplacement. — Un canonnier étant à cheval, un deuxième canonnier lui saisit le bras gauche au-dessus de la saignée et saute en croupe, tandis que le premier passe la jambe gauche par-dessus l'encolure pour sauter à terre à droite.

Poursuite. — Les canonniers entrant successivement dans le cercle, en arrière du cheval et à la droite de l'instructeur, franchissent le cheval sans interruption.

Travail avec la selle.

Tous les mouvements ci-dessus détaillés sont répétés sur le cheval sellé; on y ajoute les ciseaux et les deux mouvements qui suivent.

Sauter à cheval face en arrière. — Sauter à terre et ressauter à cheval face en arrière, la main gauche ne lâchant le pommeau de la selle qu'au moment où on se retourne face en arrière

Culbute sur la selle. — Se glisser en arrière de la selle; saisir les poignées du troussequin; baisser la tête en l'appuyant sur le siége de la selle et se remettre à cheval en faisant la culbute.

Travail militaire.

Les chevaux difficiles ou chatouilleux et autant que possible les juments sont exclus de cette instruction.

Travail sans armes.

Les canonniers sont dans la tenue de la leçon deuxième, les chevaux sont sellés sans étriers. On réunit de 16 à 20 canonniers pour 8 ou 10 chevaux, et on les exerce à sauter à terre et à cheval à tour de rôle, les canonniers à pied tenant les chevaux pendant qu'on exerce les autres.

Sauter en croupe. — Une partie des canonniers étant à cheval et les hommes à pied à la tête des chevaux, au commandement : *préparez-vous pour sauter en croupe*, se placer à hauteur et vis-à-vis du flanc du cheval; saisir de la main gauche le bras gauche du cavalier au-dessus de la saignée et placer la main droite sur le troussequin (*ou* la palette).

Au commandement : EN CROUPE, s'élancer er s'appuyant fortement sur la main droite et s'aidant de la main gauche, tandis que le canonnier qui est à cheval résiste du bras gauche et porte le haut du corps à droite; une fois en croupe, lâcher le bras gauche du canonnier et saisir avec la main gauche la courroie de charge du milieu, la main droite sur le côté.

    1. *Préparez-vous pour sauter en croupe.*
    2. EN CROUPE.

Sauter à terre. — Au commandement : *préparez-vous pour sauter à terre*, replacer les mains comme il a été prescrit pour se préparer à sauter en croupe.

Au commandement : A TERRE, s'enlever sur le poignet droit; passer la jambe droite tendue par-dessus la croupe; la rapporter près de la cuisse gauche et ariver à terre sur la pointe des pieds, les jarrets pliés.

    1. *Préparez-vous pour sauter à terre.*
    2. A TERRE.

On fait sauter à terre et en croupe du même

temps aux commandements : *préparez-vous pour sauter à terre et en croupe,* A TERRE ET EN CROUPE.

L'instructeur fait changer les canonniers de position, afin que chacun d'eux puisse sauter à cheval et en croupe alternativement. Après chaque mouvement, il fait placer les canonniers à pied à l'épaule gauche du cheval.

L'instructeur met ensuite les canonniers sur les pistes, et fait répéter ces mouvements en marchant progressivement au pas, au trot et au galop; il fait toujours arrêter lorsqu'il veut intervertir les rôles.

Il dispose ensuite les canonniers à pied à l'une des extrémités du manége, et lorsque le conducteur passe le deuxième coin, il commande : EN CROUPE À VOLONTÉ. — Chaque canonnier se dirige par le chemin le plus court vers le cheval qui lui a été désigné, l'aborde par la tête et saute en croupe. On fait sauter à terre et en croupe, soit au commandement, soit à volonté, mais on fait de fréquents repos pour ménager les chevaux et ne pas fatiguer les canonniers.

Travail avec les armes.

Les canonniers sont dans la tenue de la troisième leçon; les chevaux sont chargés et sans étriers.

L'instructeur fait d'abord sauter à cheval et à terre, le sabre au crochet, puis décroché. Il exerce les canonniers à mettre promptement le

sabre à la main dès qu'ils sont en selle et à remettre le sabre avant de sauter à terre.

Pour sauter en croupe, les canonniers ont
toujours le sabre au crochet.

On fait enfin répéter ces mouvements aux
trois allures; mais ces exercices étant d'une
exécution difficile et exigeant des conditions de
force, d'agilité et d'adresse qui ne se ren-
contrent que rarement, on ne soumet à ce travail que les cavaliers d'élite.

ARTICLE VI.

Méthode pour dresser les jeunes chevaux.

Les chevaux de remonte ne sont pas montés
immédiatement après leur arrivée au corps; ils
sont seulement promenés en main par des canonniers montés sur des chevaux faits.

Lorsque les chevaux sont bien remis des fa-
tigues de la route, on les monte pour les pro-
mener.

Les promenades se font *au pas*, les canonniers n'exigeant de leurs chevaux que de suivre
ceux qui les précèdent dans la colonne.

Si l'on est en hiver, on choisit pour cette
promenade le moment le moins froid de la
journée. On a l'attention de les tenir en main,
tantôt à droite, tantôt à gauche.

Les chevaux ainsi habitués à supporter le
poids du cavalier, on les accoutume, dans les
écuries, à se laisser seller, lever le pied, frapper
sur le fer, etc., observant, si un cheval fait des

difficultés, d'user toujours de douceur pour le guérir de son inquiétude.

Dès que le cheval montre de l'hésitation, ou que le cavalier se trouve dans l'embarras, l'instructeur vient à son aide.

La leçon de chaque jour commence par le travail de la leçon précédente.

On ne doit pas perdre de vue qu'il ne faut rien exiger des jeunes chevaux au delà de leurs forces, et n'employer le châtiment qu'à la dernière extrémité, et seulement quand on est assuré que les fautes proviennent de malice et non d'ignorance.

Les chevaux doivent être dociles au montoir, marcher sur la ligne droite et sur la ligne circulaire à toutes les allures, reculer, faire quelques pas de côté à droite et à gauche, endurer la pression du rang, sauter le fossé, la barrière; ne pas s'effrayer du bruit des armes, des tambours, ni du flottement des étendards.

Afin d'éviter les répétitions, cet article ne présente que les détails qui concernent le cheval, et l'on se conforme pour les commandements et l'exécution des mouvements à ce qui est prescrit aux *écoles du canonnier et du peloton à cheval,* ayant l'attention de suivre la progression de ces écoles, mais en rapportant tout à l'instruction du cheval.

Première leçon.

Les chevaux sellés et en bridon sont placés sur un rang, à 3 pas l'un de l'autre.

La leçon du montoir se donne cheval par
cheval, l'instructeur le tenant par les deux rênes
du bridon; le canonnier caresse le cheval en
l'abordant, met le pied à l'étrier avec précaution, s'enlève sans à-coup, arrive très-légère-
ment en selle et le caresse encore; à mesure que
le cheval montre plus de calme, le canonnier
reste plus longtemps sur l'étrier, et successivement monte à cheval et met pied à terre, du
côté gauche et du côté droit, afin d'augmenter
de plus en plus la soumission du cheval.

Dans les moments de repos, les canonniers
étant en colonne ou sur un rang, séparés l'un
de l'autre, on répète la leçon du montoir; lorsque le cheval ne bouge plus, le canonnier le
monte ou en descend du côté droit ou du côté
gauche, sans que l'instructeur le tienne; si un
cheval fait des difficultés, il faut recommencer
à le tenir jusqu'à ce qu'il soit plus calme, cher-
chant à lui donner de la confiance et se gar-
dant bien de le maltraiter, ce qui ne ferait que
l'inquiéter davantage.

Pour faire connaître au cheval l'effet des
jambes, le canonnier a une gaule dans la main;
elle est d'un bois souple et liant, et assez longue
pour atteindre le cheval derrière les sangles,
précisément à l'endroit où les jambes se ferment.
Il faut commencer par fermer les jambes par
degrés, et, si le cheval n'obéit pas, augmenter
la pression des jambes en s'aidant de la gaule;
enfin, si le cheval continue à résister, l'instructeur à pied, placé sur le côté, vient à l'aide du
canonnier et détermine le cheval en avant en

l'attirant avec les rènes, en même temps que
le canonnier se sert des jambes et de la gaule.
On procède ainsi jusqu'à ce que le cheval s'habitue à partir à la seule pression des jambes.

Pour faire connaître au cheval l'effet des
rènes, le canonnier doit ouvrir les rênes sans
à-coup, mais franchement, de manière à ne lui
laisser aucune incertitude sur ce qu'il exige de lui.

Pour faire tourner le cheval, il faut ouvrir
franchement la rène du côté vers lequel il doit
tourner et fermer la jambe du même côté; si le
cheval n'obéit pas à la pression de la jambe,
employer la gaule de ce côté; le mouvement
presque fini, diminuer l'effet de la rène et de
la jambe, en soutenant de la rène et de la
jambe opposées.

Il faut, les premières fois, faire décrire au
cheval des arcs de cercle plus grands, et peu à
peu l'amener à tourner sur les arcs de cercle
prescrits dans la première leçon.

Ces instructions étant bien comprises, on
commence le travail.

On ne fait pas exécuter le travail de pied
ferme indiqué dans la première leçon de l'*école
du canonnier,* mais seulement les marches en
colonne sur la piste et les mouvements succes-
sifs indiqués dans cette leçon; l'instructeur a
soin de placer en tête un cheval dressé, et les
canonniers conservent 3 pas de distance de tête
à croupe, afin de pouvoir mieux conduire leurs
chevaux.

Les canonniers doivent, en commençant,
mettre beaucoup de souplesse dans leur position

et de liant dans leurs mouvements, afin de ne pas rebuter des chevaux déjà contraints par un poids auquel ils ne sont pas habitués. On ne doit pas encore exiger que les chevaux marchent bien droit; on se contente de leur faire connaître les rênes et les jambes, en les redressant sur la ligne droite quand ils s'en écartent trop et en se servant des moyens prescrits pour le passage des coins.

Ce premier travail s'exécute *au pas* seulement, pour le rendre plus facile au cheval.

C'est surtout dans l'exécution des *doublés* et *changements de main* que les canonniers doivent se servir avec précision des rênes et des jambes, pour bien les faire connaître au cheval.

Pour faire reculer le cheval, le canonnier met pied à terre. L'instructeur se place sur le côté en avant de l'épaule du cheval, saisit les rênes, et, portant les poignets en arrière, fait agir le mors du bridon; l'instructeur le caresse aussitôt qu'il a obéi, et l'arrête après deux ou trois pas; on ne doit pas chercher à le faire reculer droit.

On exerce ensuite les chevaux à reculer étant montés; les canonniers doivent agir avec beaucoup de douceur, se bornant, pour les premières fois, à leur faire faire deux ou trois pas en arrière très-lentement, sans exiger qu'ils reculent droit; si le cheval fait quelques difficultés, le canonnier déplace les hanches pour faciliter sa soumission

Pendant les premiers jours, le travail doit être court et coupé par des repos fréquents.

Après quelques jours de travail, on s'attache à maintenir le cheval droit et l'on exige plus de précision dans le passage des coins, ainsi que dans les mouvements et changements de direction, mais au pas seulement.

Le canonnier commence à restreindre un peu le mouvement des rênes et à modérer l'action des jambes, à mesure que le cheval s'habitue à obéir aux *aides* sans hésitation.

Quand le cheval marche d'aplomb, sans s'abandonner, et qu'il obéit passablement aux mains et aux jambes, l'instructeur le fait passer à un *trot* modéré; à cette allure, les reprises doivent être courtes pour ne pas mettre les chevaux hors de leur aplomb ni les essouffler.

On ne doit pas d'abord exiger dans la position du cheval et dans ses mouvements au trot la même précision qu'au pas; elle ne s'obtient que par degrés.

Toutes les fois qu'un cheval a obéi, il faut avoir la main légère et le caresser.

Les chevaux obéissant suffisamment aux aides, il reste à leur faire connaître l'éperon; l'emploi de l'éperon étant délicat avec le jeune cheval, il convient de donner cette leçon avec prudence et ménagement.

L'éperon est le moyen le plus énergique pour provoquer le mouvement en avant. Il ne suffit pas que le cheval le supporte quand les jambes n'ont plus assez d'action, il faut encore qu'employé énergiquement il imprime une vigoureuse impulsion en avant

Pour donner la leçon de l'éperon, le canonnier porte le cheval en avant, accélère son allure, et, après avoir exercé une pression des jambes progressive qui rapproche les éperons du corps du cheval, il les applique franchement en rendant la main.

Les éperons ne resteront jamais au corps du cheval, car la persistance de cette action douloureuse disposerait le cheval à s'arrêter plutôt qu'à obéir.

Dès que le cheval se porte franchement en avant, le canonnier relâche les jambes et caresse. Si toutefois le cheval s'arrête et se défend, le canonnier ajoute à l'emploi de l'éperon un coup de gaule sur le flanc. Si ce moyen ne suffit pas, l'instructeur décide le cheval à se porter en avant avec la chambrière.

On exige peu à peu que les chevaux marchent bien droit sur la ligne droite, et qu'ils soient légèrement ployés en tournant à droite ou à gauche. On les fait ensuite trotter alternativement aux deux mains, en s'occupant de leur donner une allure franche et réglée.

Les chevaux ayant acquis de la souplesse et de l'assurance, les reprises au trot doivent être plus fréquentes et plus longues, et l'on doit répéter à cette allure tous les mouvements et changements de main exécutés au pas.

Lorsque les chevaux travaillent bien sur la ligne droite, on commence à les mettre sur le cercle, et on leur fait exécuter progressivement quelques tours à chaque main, d'abord au pas, puis au trot

On ne fait pas encore partir de pied ferme au trot ni arrêter en marchant à cette allure.

Les chevaux soutenant bien l'allure du trot, on leur fait allonger le trot, mais pendant un ou deux tours au plus, afin de ne pas les *mettre sur les épaules* ni hors de leur aplomb.

On leur fait faire ensuite un ou deux tours au plus *au galop*, seulement pour leur donner la première connaissance de cette allure, essayer leur force et augmenter leur souplesse, sans s'inquiéter s'ils sont *justes* au départ.

Les jeunes chevaux, en partant au galop, ont de la propension à fuir; les canonniers doivent chercher à les calmer, évitant surtout de les trop rechercher.

Enfin on leur apprend à faire quelques pas de côté, comme il est prescrit à l'*école du cavalier*.

On répète le travail du *reculer*, mais on est plus exigeant, et si le cheval se traverse, on le redresse avec ménagement.

Deuxième leçon.

Les chevaux sont bridés.

Cette leçon est précédée de certaines préparations à pied, ayant pour but d'initier le cheval aux effets du mors, ainsi qu'il suit :

Le cheval doit répondre aux rênes sans que le soutien de l'encolure soit diminué. Il est au contraire essentiel qu'elle reste assez ferme pour obtenir facilement les changements de direction, assez haute pour couvrir le canonnier, permettre une démarche aisée et faciliter les sauts d'obstacles.

Toute flexion latérale d'encolure est sévèrement interdite.

Le filet devant être souvent employé pour relever la tête, affermir l'encolure, si elle manque de soutien, et fixer le cheval lorsqu'il montre de l'indécision; toute flexion par le filet est également interdite.

Le cheval répond à la bride lorsqu'à l'appui du mors sur les barres, au lieu de forcer sur la main, il cède de la mâchoire. Pour l'habituer, à pied, à cette action sur la barre gauche, prendre la rêne gauche du filet avec la main gauche, la rêne gauche de la bride avec la main droite; faire agir les mains, celle qui tient le filet de bas en haut, pour placer la tête, en appuyant sur la commissure des lèvres, et celle qui tient la bride d'avant en arrière, pour faire ouvrir la mâchoire et annuler les résistances; rendre alors et caresser.

Pour la barre droite, mêmes principes et moyens inverses.

Le travail de pied ferme prescrit dans la première partie de cette leçon, à l'*école du canonnier,* n'est pas exécuté.

Les jeunes chevaux marchant sur la piste, on s'occupe d'abord de les habituer au poids du mors; à cet effet, le canonnier conduit son cheval avec le filet seulement, qu'il tient dans les deux mains comme il est prescrit à l'*école du canonnier,* ayant soin de *rendre* les rênes de la bride, de manière à ne pas faire agir le mors.

Quand le cheval ne témoigne plus aucune inquiétude, on commence à lui faire connaître les effets du mors.

Pour exercer le cheval à répondre aux effets du mors de bride, on ajuste les rênes de la bride de manière à faire sentir légèrement au cheval l'appui du mors sur les barres, et on fixe la main en serrant les doigts sur les rênes.

On exerce ainsi une action isolée sur la mâchoire, sans agir sur le reste du corps du cheval. Aussitôt qu'il cède de la mâchoire, on rend de la main en caressant et on recommence la même action.

Pendant ce travail de l'avant-main, si le cheval recule à l'action des rênes, il faut cesser l'effet de la main et porter le cheval à quelques pas en avant, pour recommencer ensuite la même action. Dans les premiers jours du travail en bride, le canonnier tient le filet des deux mains, de manière que les rênes du filet agissent en même temps que le canonnier fait sentir légèrement l'effet du mors; à mesure que le cheval montre moins d'hésitation et tourne avec plus de franchise, le canonnier relâche les rênes du filet et tient les rênes de bride ajustées.

Enfin, lorsque le cheval obéit sans incertitude, le canonnier abandonne le filet, sauf à recourir momentanément à l'usage de l'une ou de l'autre rêne du filet avec la main droite, si l'action de la main de bride est insuffisante.

L'effet du mors étant beaucoup plus fort que celui du filet, les mouvements de la main gauche doivent être plus progressifs et moins prononcés.

Toutes les fois que l'instructeur s'aperçoit que les chevaux sont indécis, il fait reprendre le filet aux canonniers.

Troisième leçon.

Les chevaux étant parfaitement dociles au montoir et sachant bien reculer, on fait *monter à cheval* et *mettre pied à terre* sur deux rangs, comme il est prescrit à l'*école du canonnier*.

Le travail est le même que dans les leçons précédentes, mais les canonniers sont en armes. Ils ont le sabre dans le fourreau; à mesure que les chevaux s'y habituent, on fait mettre le sabre à la main.

On fait exécuter ensuite le maniement des armes, d'abord de pied ferme, puis en marchant au pas et au trot, comme à la troisième leçon de l'*école du canonnier,* employant toujours la plus grande douceur pour y habituer les chevaux par degrés.

Moyens pour habituer les chevaux à sauter le fossé et la barrière

A la fin de la leçon et avant de reconduire les chevaux à l'écurie, on les exerce à sauter le fossé et la barrière.

Ce travail demande beaucoup de précautions et de ménagements. On fait exécuter le saut du fossé avant celui de la barrière, qui est le plus difficile.

Pour les premières fois, le fossé doit être étroit et peu profond et la barrière peu élevée.

On commence toujours par faire sauter les chevaux en main, ayant l'attention de mettre en tête un cheval déjà habitué à cet exercice.

Pour éviter aussi que le cheval ne s'arrête court, comme il arrive souvent, on le fait passer d'abord par-dessus la barrière abattue, afin qu'il connaisse d'avance l'obstacle qu'il doit franchir.

Cette précaution prise, le canonnier tient l'extrémité des rênes de la bride avec la main droite et court au fossé ou à la barrière, qu'il franchit le premier; l'instructeur suit le cheval, lui montre la chambrière et la fait claquer, s'il est nécessaire, dans le même moment, pour le déterminer; le canonnier le caresse après qu'il a sauté.

Si un cheval fait des difficultés, l'instructeur le détermine avec la chambrière, en y mettant beaucoup de patience, mais il ne permet jamais qu'il rentre à l'écurie sans avoir sauté.

Les chevaux ne doivent sauter qu'une fois ou deux au plus par jour; ce travail trop réitéré finirait par les rebuter.

On ne doit faire sauter le cheval monté que lorsqu'il a sauté en main et sans indécision. A cet effet, chaque canonnier, en arrivant au fossé ou à la barrière, détermine son cheval comme il est prescrit à l'*école du canonnier*, et le dirige d'abord avec les rênes du filet, puis avec la main de bride seule.

Lorsqu'un cheval refuse d'obéir, il faut reprendre du terrain pour essayer de nouveau de le faire sauter, le mettant, au besoin, à quelques pas en file derrière un autre cheval qui saute franchement; l'instructeur le suit pour le déterminer avec la chambrière, et si, malgré toutes les précautions, le cheval refuse encore de sauter, il fait mettre pied à terre au canonnier, fait de nouveau sauter le cheval en main et ne le fait remonter que lorsqu'il saute sans indécision.

Réunion des jeunes chevaux en peloton.

Pour habituer les jeunes chevaux à la pression du rang et aux mouvements qu'ils doivent exécuter en troupe, on suit la progression des quatre articles de l'*école du peloton*, en se conformant à ce qui suit :

On ne prend pas d'abord d'alignements avec les jeunes chevaux, parce que généralement ils ne sont pas encore assez calmes.

Dans les formations, les canonniers doivent maintenir leurs chevaux droits et s'aligner à mesure qu'ils arrivent; mais une fois dans le rang et arrêtés, ils ne doivent plus les rechercher pour les remettre droits ni pour se rapprocher, parce que les jeunes chevaux sont inquiets d'être rassemblés trop longtemps et se défendent presque toujours.

En commençant à marcher par deux, par quatre et par peloton, les canonniers doivent conserver beaucoup d'aisance, éviter de se serrer et même de se rapprocher botte à botte, se relâcher beaucoup des cuisses et des jambes, exiger peu de leurs chevaux et calmer ceux qui s'animent en *arrêtant et rendant.*

Lorsque les chevaux sont calmes et qu'ils marchent sans ardeur, les canonniers se rapprochent botte à botte, sans pourtant se serrer, et alors seulement on observe avec plus d'exactitude les distances, les directions et l'alignement.

On a l'attention de placer aux ailes les chevaux auxquels la pression du rang est le plus pénible, et peu à peu on les rapproche du centre, où la pression se fait sentir davantage.

Dans les marches en colonne et en bataille, on s'occupe de rendre les allures égales et régulières, évitant de trop multiplier les ruptures et les formations, jusqu'à ce que les chevaux soient parfaitement dressés.

On fait converser par peloton, mais ces mouvements sont fréquemment entrecoupés de marches directes, afin de calmer les chevaux pour lesquels la pression devient quelquefois trop forte; l'allure des chevaux placés du côté du pivot étant ralentie, ils s'ennuient d'être ainsi retenus par la main du canonnier, et presque toujours ils se défendent, quand on les fait converser trop longtemps ou trop souvent.

On fait galoper par deux, par quatre et par peloton, mais les reprises sont courtes; on évite de partir de pied ferme à cette allure; on exerce aussi les chevaux à allonger le galop, mais très-progressivement et sur de courtes distances.

Les derniers jours de leur instruction, ils

sont montés avec armes et bagages; si quelque cheval inquiété par le paquetage rue ou se défend, on l'éloigne de la troupe et on l'habitue peu à peu au portemanteau, en le montant à part et en le laissant chargé à l'écurie pendant une heure ou deux par jour.

Lorsque les jeunes chevaux sont suffisamment dressés, quelques semaines avant de les faire entrer à l'escadron, on leur fait exécuter les diverses formations de l'*école du peloton* aux allures vives, mais en usant modérément de celle du galop.

Quand les localités le permettent, on leur fait parcourir des terrains accidentés présentant quelques obstacles.

Le canonnier a le plus grand soin de ne pas contrarier les mouvements de son cheval; il lui laisse pleine liberté pour choisir son terrain et lui fait ainsi acquérir l'adresse qui lui est nécessaire.

Moyens pour habituer les chevaux au feu et aux bruits de guerre.

On fait monter avec les jeunes chevaux quelques chevaux dressés et sages au feu; vers la fin du travail, les canonniers qui montent ces derniers s'éloignent de quelques pas et tirent quelques coups du feu, pendant que les autres continuent de marcher sur la piste, les canonniers ayant soin de calmer et de caresser ceux qui s'animent ou qui s'effrayent.

On emploie ce moyen pendant quelques

jours, les canonniers se rapprochant de plus en plus et finissant par tirer dans le carré même ; on fait ensuite tirer en retournant au quartier, d'abord derrière la colonne, puis vers le centre, et enfin à la tête de la colonne, en lui faisant face à quelques pas.

On met dans les commencements un peu d'intervalle d'un coup de feu à l'autre, et l'on tire plus fréquemment à mesure que les chevaux deviennent plus tranquilles, en évitant qu'ils ne soient piqués par les grains de poudre.

Lorsque les jeunes chevaux commencent à s'habituer au bruit des armes, les canonniers qui les montent font feu l'un après l'autre, à l'avertissement de l'instructeur.

Cette leçon doit être donnée avec précaution, en observant de suspendre le feu quand les chevaux s'animent ; lorsqu'ils deviennent plus tranquilles, on répète les coups de feu plus fréquemment.

S'il se trouve des chevaux assez inquiets pour mettre habituellement les autres dans le désordre, il faut les faire rentrer à l'écurie ; on s'occupe alors matin et soir à les habituer séparément et peu à peu au bruit des armes. A cet effet, on les mène en main dans la carrière, on les dispose en cercle autour de l'instructeur, qui tire quelques coups de feu, et à chaque coup on les caresse et on les laisse s'approcher de l'instructeur, qui leur fait donner un peu d'avoine.

Quand les chevaux sont ainsi habitués au feu,

on les remet avec les autres pour recevoir les mêmes leçons étant montés.

Lorsque les chevaux ne sont plus effrayés des coups de feu tirés l'un après l'autre, on les réunit à l'extrémité de la carrière, on les fait marcher en avant et approcher doucement d'hommes à pied, placés à l'autre extrémité, qui font feu ensemble plusieurs fois de suite; quand ils sont à 5o pas, on cesse de tirer, et les chevaux continuent de marcher jusqu'à ce qu'ils arrivent sur les hommes à pied; alors on les arrête et on les caresse.

Le capitaine-instructeur assiste toujours à cette leçon, afin de s'assurer qu'elle est donnée avec soin et qu'elle n'occasionne aucun désordre.

Après avoir habitué les jeunes chevaux au bruit du pistolet et du mousqueton, on les accoutume à celui du canon, en les conduisant, réunis avec des chevaux faits au feu, aux exercices de tir. On les approche graduellement des pièces qui font feu.

On habitue aussi les jeunes chevaux au maniement des armes, au flottement des étendards et des drapeaux, au bruit du tambour et enfin à tous les bruits de guerre, toujours à la fin du travail, en suivant la même progression et en employant les mêmes moyens de douceur.

Chevaux difficiles à dresser.

Les jeunes chevaux opposent souvent des résistances dont il est bon de connaître la cause pour y remédier.

Les uns sautent de gaieté ou par trop d'ardeur; il faut, sans les maltraiter, les ramener doucement sur la piste, les calmer en arrêtant et rendant moelleusement et se servant très-peu des jambes.

Les autres sautent par malice et pour désarçonner leur cavalier; il faut leur faire sentir tous les degrés d'aide pour les remettre, employant le châtiment comme dernière ressource, parce que, trop prompt ou trop fréquent, il rendrait les chevaux plus difficiles.

Quant aux chevaux qui s'arrêtent et qui refusent d'avancer, cela peut provenir de faiblesse, de peur ou d'entêtement.

Si c'est de faiblesse, ce qu'indiquent suffisamment la conformation du cheval et la manière dont il travaille, il faut proportionner le travail à ses moyens.

Si c'est de peur, il faut le conduire doucement sur l'objet qui l'effraye, l'arrêtant de temps en temps avant d'y arriver, rendant la main, appelant de la langue et lui donnant de la confiance par tous les moyens possibles. Arrivé enfin sur l'objet, on le lui laisse flairer pour qu'il voie bien qu'il n'a rien à craindre, et on le caresse. Il faut, dans tous les cas, se garder de punir le cheval peureux, ce qui ne ferait qu'augmenter le mal.

Enfin, si c'est par entêtement, il faut, après avoir employé tous les moyens de douceur, se servir de la chambrière, l'éperon portant souvent le cheval à se défendre davantage; c'est à l'instructeur, qui connaît le cheval, à en prescrire ou à en défendre l'usage.

Il y a des chevaux qui ont l'habitude de se cabrer : le cavalier doit, sans déranger son assiette, porter le haut du corps en avant et ne pas s'attacher aux rênes, ce qui peut faire renverser le cheval, mais, au contraire, rendre la main et faire sentir l'effet des jambes.

Il en est d'autres qui ont le défaut de ruer : le cavalier doit porter le corps un peu en arrière sans se roidir, élever la main, pour empêcher le cheval de mettre la tête entre les jambes, et le déterminer à se porter en avant, en fermant les jambes.

Il est rare qu'un cheval rue droit; il jette presque toujours la croupe à droite ou à gauche. Le cavalier, tout en se conformant à ce qui est dit ci-dessus, doit sentir plus fortement la rêne du côté vers lequel le cheval rue, afin d'*opposer les épaules aux hanches.*

Lorsqu'un cheval veut ruer en marchant, on s'en aperçoit au ralentissement de ses jambes de devant. On peut de même, par le ralentissement de ses jambes de derrière, prévoir que le cheval veut se cabrer.

Quand les chevaux ont résisté à tous les moyens de douceur et aux châtiments, on a recours à la leçon de la longe.

Lorsqu'un cheval se pique brusquement, se dérobe par un tête-à-queue ou exécute des pirouettes rapides et multipliées, soit pour s'éloigner d'un objet qui l'effraye, soit pour se rapprocher des autres chevaux, le canonnier doit tout d'abord mettre le cheval en mouvement dans quelque sens que ce soit, afin de paralyser ses défenses, puis ramener l'animal à la soumission en employant de nouveau les aides auxquels il a cherché à se soustraire.

Si le cheval s'est piqué brusquement, le canonnier le châtie par l'éperon et la gaule, jusqu'à ce qu'il se porte franchement en avant.

Si le cheval s'est dérobé par un tête-à-queue à droite, le canonnier le ramène par un tête-à-queue à gauche ou inversement.

· Si le cheval pivote à droite en méconnaissant la résistance opposée par la jambe droite, le canonnier le fait pivoter à gauche par l'emploi de la gaule à droite, jusqu'à ce qu'il ait cédé à cette action.

On procède d'une manière inverse si le cheval pivote à gauche.

Losqu'un cheval s'emporte ou tend à gagner à la main, le canonnier doit étudier la cause qui provoque ce désordre, afin d'éviter de le faire naître.

L'application rigoureuse des moyens de conduite, sans rechercher le cheval ni l'exciter par le désaccord des aides ou l'incertitude de l'assiette, suffit le plus souvent à éviter cette défense.

Quelques chevaux s'emportent sous l'unique influence d'une vitesse dont la notion ne leur est pas assez familière : il suffit alors de les exercer et de compléter leur éducation.

Si, malgré la vigilance du canonnier, le cheval persiste à s'emporter, on a recours à la force pour l'arrêter, en observant les principes suivants :

Si le cheval porte au vent, le canonnier baisse la main en tirant sur les rênes.

Si le cheval s'encapuchonne, le canonnier le relève vivement au moyen du filet ou de la bride.

Si le cheval a perdu toute sensibilité ou a les barres offensées, le canonnier a recours exclusivement au filet; il le tient avec les deux mains et fait sentir successivement au cheval l'effet de chaque rêne.

Si le cheval ne ralentit pas, le canonnier tire avec énergie sur les rênes, en portant le corps en arrière et s'arc-boutant sur les étriers; il cesse et renouvelle alternativement les mêmes effets, en évitant de contracter une lassitude qui deviendrait pernicieuse.

. Enfin, si le cavalier sent son impuissance à arrêter le cheval, il doit chercher seulement à le diriger, s'il a du champ devant lui, ou à le mettre en cercle, si le terrain le permet.

Leçon de la longe.

Cette leçon très-difficile exige beaucoup de ménagements, afin de ne pas user le cheval en voulant le réduire; elle doit durer une demi-heure ou trois quarts d'heure au plus; les repos doivent être fréquents.

Le caveçon sert, dans le travail en cercle, a modérer l'allure du cheval, à le rapprocher du centre; il sert aussi à l'en éloigner en faisant serpenter la longe; il peut être également employé à réprimer ses fautes.

Avec la chambrière on accélère le train du cheval, on l'éloigne du centre et on le corrige.

L'instructeur s'aide alternativement de la chambrière et du caveçon pour vaincre la résistance du cheval; mais il doit bien se garder de se servir des deux à la fois ni d'en abuser, l'abus du caveçon portant le cheval à se défendre et le mettant sur les jarrets, celui de la chambrière pouvant le rebuter et le rendre rétif.

La longe doit être assez longue pour ne pas fatiguer le cheval en le forçant à travailler sur un cercle trop resserré.

Il faut mettre au cheval un bridon d'abreuvoir et placer le caveçon de manière qu'il ne gêne pas la respiration.

Un instructeur et un sous-instructeur sont nécessaires pour donner cette leçon : le sous-instructeur tient la longe et se place au centre; l'instructeur, pour acheminer le cheval sur le cercle, le conduit par la rêne du dedans, tenant la chambrière de la main opposée et derrière lui; il marche avec le cheval aussi longtemps qu'il est nécessaire; à mesure que le cheval marche avec plus de confiance, il s'en éloigne tenant la longe de la main droite (en marchant à main droite) et la chambrière de la main gauche, jusqu'à ce qu'il soit à une égale distance du cheval et de celui qui tient la longe. Il accompagne toujours le cheval dans son mouvement, et se sert au besoin de la longe ou de la chambrière pour le maintenir sur le cercle et l'entretenir dans son allure.

Si le cheval s'arrête court lorsque l'instructeur s'est éloigné, s'il recule ou tire sur la longe et refuse de se porter en avant au bruit de la chambrière, il l'achemine de nouveau sur le cercle, pour lui faire mieux comprendre ce qu'il exige.

En s'éloignant de nouveau, l'instructeur montre la chambrière au cheval et la lui fait même sentir s'il est nécessaire; à mesure que le cheval marche avec plus de confiance, il lui donne plus de liberté.

Si, au lieu de trotter, le cheval galope, l'instructeur secoue légèrement la longe par un mouvement très-doux de la main; ces légères secousses doivent se donner horizontalement et non verticalement.

Après quelques tours, l'instructeur diminue le cercle et tache d'arrêter le cheval à la voix, en le faisant venir à lui; dès qu'il a obéi, il le caresse, lui fait faire quelques pas en arrière et l'achemine sur le cercle, à l'autre main, avec les mêmes précautions.

A la fin de la leçon, lorsque le cheval est plus docile, on le monte, non pour le faire travailler à la longe, mais pour en obtenir ce qu'il avait refusé de faire; il faut être peu exigeant, et, si le cheval se soumet, le caresser et lui ôter le caveçon.

Si, malgré toutes les précautions et la patience de l'instructeur, le cheval refuse encore d'obéir, on le remet à la longe avant de le renvoyer, et l'on continue ces leçons jusqu'à ce qu'il ne fasse plus de résistance.

ARTICLE VII.

Sonneries.

Pour le service intérieur.

1. Le réveil.
2. Le repas des chevaux.
3. L'appel.
4. Le pansage.
5. Le boute-selle.
6. Le boute-charge.
7. A cheval.
8. L'assemblée.
9. A l'étendard.
10. L'ouverture du ban.
11. La fermeture du ban.
12. Pour desseller.
13. Le rassemblement du régiment à pied *(on sonne quatre appels consécutifs)*.
14. L'instruction.
15. A l'ordre.
16. Aux officiers.
17. A l'ordre pour les maréchaux des logis chefs.
18. A l'ordre pour les fourriers.
19. Aux maréchaux des logis de semaine
20. Aux brigadiers de semaine.
21. Aux malades.
22. La soupe.
23. Les corvées
24. Les distributions.
25. Le rassemblement **de la garde.**

26. L'appel des consignés.
27. La réunion des trompettes.
28. La retraite.
29. L'extinction des feux.
30. La générale.

Pour les routes et pour les manœuvres.

31. Garde à vous.
32. Sabre à la main.
33. Remettez le sabre.
 7. A cheval.
34. Pied à terre.
35. La marche.
36. Tète de colonne à droite.
37. Tète de colonne à gauche.
38. La charge.
39. Pour faire mettre les manteaux.
40. En avant.
41. Halte.
42. A droite.
43. A gauche.
44. Demi-tour.
45. Ralliement des tirailleurs sur leur chef.
46. Ralliement général.
 6. La charge en fourrageurs (*on sonne le boute-charge*).
47. Au pas (étant au trot ou au galop).
48. Au trot (*à pied*, au pas gymnastique).
49. Au galop.
50. Pour faire commencer *ou* cesser le feu

NOTA. Chaque sonnerie est précédée du refrain du régiment, lorsque les circonstances l'exigent.

EXPLICATION DES SIGNES.

ARTICLE II.

FORMATION D'UN RÉGIMENT DE SIX ESCADRONS DANS L'ORDRE EN BATAILLE.

OFFICIERS.

État-major.

Colonel.
Lieutenant-colonel.
Chef d'escadron.
Major.
Capitaine instructeur.
Adjudant-major.
Officier d'état-major.
Trésorier.
Capitaine d'habillement.
Porte-étendard.
Médecin-major.
Médecin aide-major.

Escadron.

Capitaine commandant.
Capitaine en second.
Lieutenant en premier.
Lieutenant en second.
Sous-lieutenant.

TROUPE.

Petit état-major.

Adjudant.
Vétérinaire en premier.
Vétérinaire en second.
Aide vétérinaire.
Maréchal des logis trompette.
Brigadier trompette.
Maîtres ouvriers.

Escadron.

Maréchal des logis chef.
Maréchal des logis.
Fourrier.
Brigadier fourrier.
Brigadier.
Hommes du { 1er rang.
            { 2e rang.
Hommes non montés.

6ᵉ Escadron.   5ᵉ Escadron.   4ᵉ Escadron.   3ᵉ Escadron.   2ᵉ Escadron.   1ᵉʳ Escadron.

2ᵉ Division.   1ʳᵉ Division.

4ᵉ Peloton.   3ᵉ Peloton.   2ᵉ Peloton.   1ᵉʳ Peloton.

ARTICLES II ET III.

FORMATION DE LA TROUPE D'ESCORTE DE L'ÉTENDARD.

Fig. A.

ORDRE EN COLONNE PAR QUATRE.

Fig. B.

BASES DE L'INSTRUCTION.
Pl. 3
ARTICLE III.
ORDRE EN COLONNE PAR PELOTONS.
Fig. A.
6ᵉ Escadron.
5ᵉ Escadron.
4ᵉ Escadron.
3ᵉ Escadron.
2ᵉ Escadron.
1ᵉʳ Escadron.
ORDRE EN COLONNE PAR SECTION.
(Escadron de 64 files.)
Fig. B.
ORDRE EN COLONNE PAR DIVISIONS.
(2 Escadrons.)
Fig. C.

ARTICLE III.

ORDRE EN COLONNE SERRÉE.

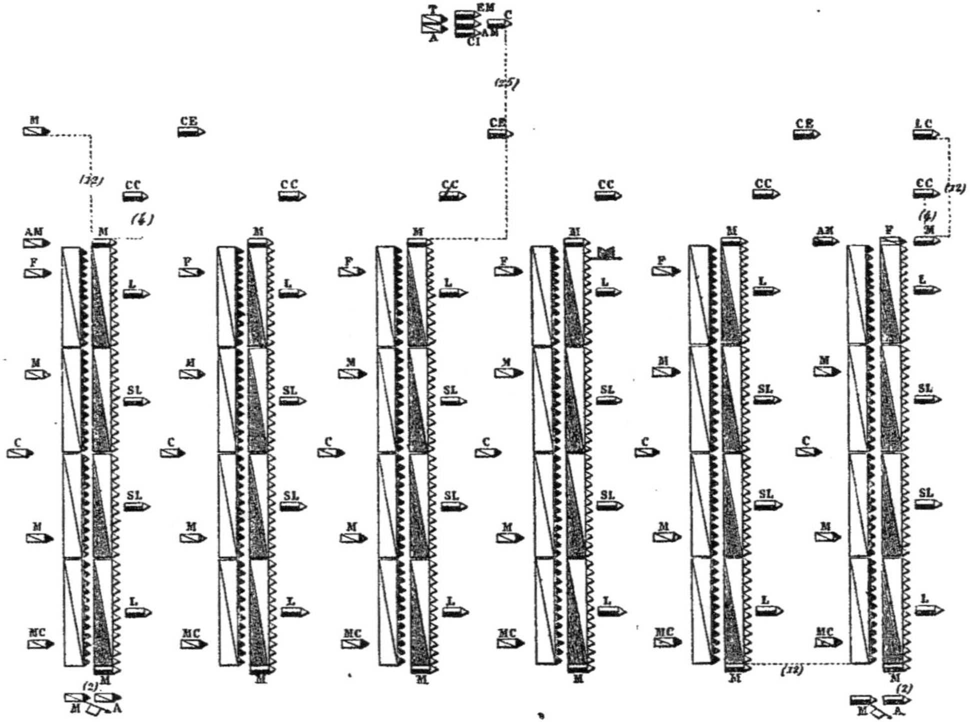

Article III.

ORDRE EN COLONNE POUR DÉFILER PAR PELOTONS.

Fig. A.

PAR ESCADRONS.

Fig. B.

PARIS. — IMPRIM. DE A. LAHURE, RUE CHRISTINE, 2.